O espírito do ateísmo

O espírito do ateísmo
Introdução a uma espiritualidade sem Deus

André Comte-Sponville

Tradução
EDUARDO BRANDÃO

SÃO PAULO 2020

Esta obra foi publicada originalmente em francês com o título
L'ESPRIT DE L'ATHÉISME
por Albin Michel, Paris.
Copyright © Éditions Albin Michel, 2006.
Copyright © 2007, Livraria Martins Fontes Editora Ltda.,
São Paulo, para a presente edição.

1ª edição *2007*
2ª edição *2016*
2ª tiragem *2020*

Tradução
EDUARDO BRANDAO

Acompanhamento editorial
Maria Fernanda Alvares
Preparação do original
Silvana Cobucci Leite
Revisões
Helena Guimarães Bittencourt
Solange Martins
Dinarte Zorzanelli da Silva
Produção gráfica
Geraldo Alves
Paginação
Studio 3 Desenvolvimento Editorial

Dados Internacionais de Catalogação na Publicação (CIP)
(Câmara Brasileira do Livro, SP, Brasil)

Comte-Sponville, André
  O espírito do ateísmo : introdução a uma espiritualidade sem Deus / André Comte-Sponville ; tradução Eduardo Brandão. – 2ª ed. – São Paulo : WMF Martins Fontes, 2016.

Título original: L'esprit del l'atheisme
ISBN 978-85-469-0051-0

1. Ateísmo 2. Deus – Existência 3. Espiritualidade 4. Religião – Filosofia I. Título.

16-02655   CDD-211.8

Índices para catálogo sistemático:
1. Ateísmo : Religião natural 211.8

Todos os direitos desta edição reservados à
Editora WMF Martins Fontes Ltda.
Rua Prof. Laerte de Carvalho, 133 01325-030 São Paulo SP Brasil
Tel. (11) 3293.8150 e-mail: info@wmfmartinsfontes.com.br
http://www.wmfmartinsfontes.com.br

Índice

Preâmbulo 9

I. *PODE-SE VIVER SEM RELIGIÃO?* 11
O que é uma religião? (p. 11); Um depoimento pessoal (p. 15); Lutos e rituais (p. 16); Nenhuma sociedade pode viver sem comunhão... (p. 20); ... nem sem fidelidade (p. 27); Niilismo e barbárie (p. 32); O que resta do Ocidente cristão quando ele já não é cristão? (p. 35); "Ateu cristão" ou "gói assimilado"? (p. 38); Dois rabinos, um dalai-lama e um perigordino (p. 43); Perder a fé muda alguma coisa? (p. 46); As duas tentações da pós-modernidade (p. 49); O alegre desespero (p. 54); O Reino e o amor (p. 58).

II. *DEUS EXISTE?* 69
Uma definição prévia (p. 69); Ateísmo ou agnosticismo (p. 71); Periculosidade da religião ou do fanatismo? (p. 76); ***Fraqueza das "provas"*** (p. 78): A prova ontológica (p. 78), A prova cosmológica (p. 81), O mistério do ser (p. 84), A prova físico-teológica (p. 86); A ausência de prova: uma razão

para não crer (p. 89); *Fraqueza das experiências* (p. 92); *Uma explicação incompreensível* (p. 98); *Excesso do mal* (p. 105); *Mediocridade do homem* (p. 113); *O desejo e a ilusão* (p. 116); O direito de não crer (p. 123).

III. *QUE ESPIRITUALIDADE PARA OS ATEUS?* 127
Uma espiritualidade sem Deus? (p. 128); Mística e mistério (p. 133); A *imanensidade* (p. 135); O "sentimento oceânico" (p. 141); Uma experiência mística (p. 146); Falar do silêncio? (p. 150); O mistério e a evidência (p. 152); Plenitude (p. 153); Simplicidade (p. 155); Unidade (p. 157); O silêncio (p. 158); A eternidade (p. 160); Serenidade (p. 162); Aceitação (p. 165); Independência (p. 172); A morte e a eternidade (p. 174); Mística e ateísmo (p. 176); O absoluto e o relativo (p. 178); Uma espiritualidade para todos os dias (p. 180); Interioridade e transcendência, imanência e abertura (p. 182).

Conclusão: O amor, a verdade 187

Para Nancy Huston

Preâmbulo

O *revival* da religião adquiriu, nestes últimos anos, uma dimensão espetacular, às vezes inquietante. Pensa-se primeiro nos países muçulmanos. Mas tudo indica que o Ocidente, decerto sob formas diferentes, não está ao abrigo desse fenômeno. Revivescimento da espiritualidade? Só poderíamos nos felicitar por ele. Revivescimento da fé? Não seria um problema. Mas com freqüência o dogmatismo volta junto, assim como o obscurantismo, o integrismo, e às vezes o fanatismo. Seria um erro abandonar todo o terreno para eles. A luta pelas Luzes continua, raramente foi tão urgente, e é uma luta pela liberdade.

Uma luta contra a religião? Seria enganar-se de adversário. Mas pela tolerância, pela laicidade, pela liberdade de crença e de descrença. O espírito não pertence a ninguém. A liberdade também não.

Fui educado no cristianismo. Não guardo disso nem amargor nem raiva, muito pelo contrário. Devo a essa religião, logo também a essa Igreja (no caso, a católica), uma parte essencial do que sou, ou do que tento ser. Minha moral, desde meus anos pios, não mudou. Minha sensibilidade também não. Até meu modo de ser ateu permanece marcado por essa fé da minha infância e da minha adolescência. Por que deveria eu me envergonhar disso? Por que, inclusive, deveria me espantar com isso? É minha história, ou melhor, a nossa. Que seria o Ocidente sem o cristianismo? Que seria o mundo sem seus deuses? Ser ateu não é razão para ser amnésico. A humanidade é una: a religião dela faz parte, a irreligião também, e nem uma nem outra são suficientes.

Tenho horror ao obscurantismo, ao fanatismo, à superstição. Também não gosto do niilismo nem da apatia. A espiritualidade é importante demais para que a abandonemos aos fundamentalistas. A tolerância, um bem precioso demais para que o confundamos com a indiferença ou a frouxidão. Nada poderia ser pior do que nos deixarmos encerrar num face-a-face mortífero entre o fanatismo de uns – seja qual for a religião que adotem – e o niilismo dos outros. É melhor combater todos eles, sem confundi-los e sem cair em seus respectivos defeitos. A laicidade é o nome dessa luta. Resta, para os ateus, inventar a espiritualidade que a acompanha. É para isso que esta obra gostaria de contribuir. Eu a quis deliberadamente breve e acessível – para ir mais depressa ao essencial e dirigir-me ao maior número possível de pessoas. Pareceu-me que isso era urgente. A erudição ou as querelas de especialistas podem esperar; a liberdade do espírito não.

O essencial? Em se tratando da espiritualidade, pareceu-me que estaria contida em três questões: Pode-se viver sem religião? Deus existe? Que espiritualidade para os ateus? Falta responder a elas. É o objeto deste livro. Os ateus não têm menos espírito que os outros. Por que se interessariam menos pela vida espiritual?

O espírito do ateísmo

O espírito do ateísmo
Introdução a uma espiritualidade sem Deus

André Comte-Sponville

Tradução
EDUARDO BRANDÃO

SÃO PAULO 2020

Esta obra foi publicada originalmente em francês com o título
L'ESPRIT DE L'ATHÉISME
por Albin Michel, Paris.
Copyright © Éditions Albin Michel, 2006.
Copyright © 2007, Livraria Martins Fontes Editora Ltda.,
São Paulo, para a presente edição.

1ª edição 2007
2ª edição 2016
2ª tiragem 2020

Tradução
EDUARDO BRANDAO

Acompanhamento editorial
Maria Fernanda Alvares
Preparação do original
Silvana Cobucci Leite
Revisões
Helena Guimarães Bittencourt
Solange Martins
Dinarte Zorzanelli da Silva
Produção gráfica
Geraldo Alves
Paginação
Studio 3 Desenvolvimento Editorial

Dados Internacionais de Catalogação na Publicação (CIP)
(Câmara Brasileira do Livro, SP, Brasil)

Comte-Sponville, André
 O espírito do ateísmo : introdução a uma espiritualidade sem Deus / André Comte-Sponville ; tradução Eduardo Brandão. – 2ª ed. – São Paulo : WMF Martins Fontes, 2016.

Título original: L'esprit del l'atheisme
ISBN 978-85-469-0051-0

1. Ateísmo 2. Deus – Existência 3. Espiritualidade 4. Religião – Filosofia I. Título.

16-02655   CDD-211.8

Índices para catálogo sistemático:
1. Ateísmo : Religião natural   211.8

Todos os direitos desta edição reservados à
Editora WMF Martins Fontes Ltda.
Rua Prof. Laerte de Carvalho, 133 01325-030 São Paulo SP Brasil
Tel. (11) 3293.8150 e-mail: info@wmfmartinsfontes.com.br
http://www.wmfmartinsfontes.com.br

Índice

Preâmbulo 9

I. *PODE-SE VIVER SEM RELIGIÃO?* 11
O que é uma religião? (p. 11); Um depoimento pessoal (p. 15); Lutos e rituais (p. 16); Nenhuma sociedade pode viver sem comunhão... (p. 20); ... nem sem fidelidade (p. 27); Niilismo e barbárie (p. 32); O que resta do Ocidente cristão quando ele já não é cristão? (p. 35); "Ateu cristão" ou "gói assimilado"? (p. 38); Dois rabinos, um dalai-lama e um perigordino (p. 43); Perder a fé muda alguma coisa? (p. 46); As duas tentações da pós-modernidade (p. 49); O alegre desespero (p. 54); O Reino e o amor (p. 58).

II. *DEUS EXISTE?* 69
Uma definição prévia (p. 69); Ateísmo ou agnosticismo (p. 71); Periculosidade da religião ou do fanatismo? (p. 76); **Fraqueza das "provas"** (p. 78): A prova ontológica (p. 78), A prova cosmológica (p. 81), O mistério do ser (p. 84), A prova físico-teológica (p. 86); A ausência de prova: uma razão

para não crer (p. 89); *Fraqueza das experiências* (p. 92); *Uma explicação incompreensível* (p. 98); *Excesso do mal* (p. 105); *Mediocridade do homem* (p. 113); *O desejo e a ilusão* (p. 116); O direito de não crer (p. 123).

III. *QUE ESPIRITUALIDADE PARA OS ATEUS?*............... 127
Uma espiritualidade sem Deus? (p. 128); Mística e mistério (p. 133); A *imanensidade* (p. 135); O "sentimento oceânico" (p. 141); Uma experiência mística (p. 146); Falar do silêncio? (p. 150); O mistério e a evidência (p. 152); Plenitude (p. 153); Simplicidade (p. 155); Unidade (p. 157); O silêncio (p. 158); A eternidade (p. 160); Serenidade (p. 162); Aceitação (p. 165); Independência (p. 172); A morte e a eternidade (p. 174); Mística e ateísmo (p. 176); O absoluto e o relativo (p. 178); Uma espiritualidade para todos os dias (p. 180); Interioridade e transcendência, imanência e abertura (p. 182).

Conclusão: O amor, a verdade.. 187

Para Nancy Huston

Preâmbulo

O *revival* da religião adquiriu, nestes últimos anos, uma dimensão espetacular, às vezes inquietante. Pensa-se primeiro nos países muçulmanos. Mas tudo indica que o Ocidente, decerto sob formas diferentes, não está ao abrigo desse fenômeno. Revivescimento da espiritualidade? Só poderíamos nos felicitar por ele. Revivescimento da fé? Não seria um problema. Mas com freqüência o dogmatismo volta junto, assim como o obscurantismo, o integrismo, e às vezes o fanatismo. Seria um erro abandonar todo o terreno para eles. A luta pelas Luzes continua, raramente foi tão urgente, e é uma luta pela liberdade.

Uma luta contra a religião? Seria enganar-se de adversário. Mas pela tolerância, pela laicidade, pela liberdade de crença e de descrença. O espírito não pertence a ninguém. A liberdade também não.

Fui educado no cristianismo. Não guardo disso nem amargor nem raiva, muito pelo contrário. Devo a essa religião, logo também a essa Igreja (no caso, a católica), uma parte essencial do que sou, ou do que tento ser. Minha moral, desde meus anos pios, não mudou. Minha sensibilidade também não. Até meu modo de ser ateu permanece marcado por essa fé da minha infância e da minha adolescência. Por que deveria eu me envergonhar disso? Por que, inclusive, deveria me espantar com isso? É minha história, ou melhor, a nossa. Que seria o Ocidente sem o cristianismo? Que seria o mundo sem seus deuses? Ser ateu não é razão para ser amnésico. A humanidade é una: a religião dela faz parte, a irreligião também, e nem uma nem outra são suficientes.

Tenho horror ao obscurantismo, ao fanatismo, à superstição. Também não gosto do niilismo nem da apatia. A espiritualidade é importante demais para que a abandonemos aos fundamentalistas. A tolerância, um bem precioso demais para que o confundamos com a indiferença ou a frouxidão. Nada poderia ser pior do que nos deixarmos encerrar num face-a-face mortífero entre o fanatismo de uns – seja qual for a religião que adotem – e o niilismo dos outros. É melhor combater todos eles, sem confundi-los e sem cair em seus respectivos defeitos. A laicidade é o nome dessa luta. Resta, para os ateus, inventar a espiritualidade que a acompanha. É para isso que esta obra gostaria de contribuir. Eu a quis deliberadamente breve e acessível – para ir mais depressa ao essencial e dirigir-me ao maior número possível de pessoas. Pareceu-me que isso era urgente. A erudição ou as querelas de especialistas podem esperar; a liberdade do espírito não.

O essencial? Em se tratando da espiritualidade, pareceu-me que estaria contida em três questões: Pode-se viver sem religião? Deus existe? Que espiritualidade para os ateus? Falta responder a elas. É o objeto deste livro. Os ateus não têm menos espírito que os outros. Por que se interessariam menos pela vida espiritual?

I
Pode-se viver sem religião?

Comecemos pelo mais fácil. Deus, por definição, está além de nós. As religiões não. Elas são humanas – humanas demais, dirão alguns – e, como tais, acessíveis ao conhecimento e à crítica.

Deus, se existe, é transcendente. As religiões fazem parte da história, da sociedade, do mundo (elas são imanentes).

Deus é tido como perfeito. Nenhuma religião pode sê-lo.

A existência de Deus é duvidosa (será esse o objeto do nosso segundo capítulo). A das religiões não. As questões que se colocam, a propósito destas últimas, são portanto menos ontológicas do que sociológicas ou existenciais: não se trata de saber se as religiões existem (às vezes, infelizmente, elas nos dão a sensação de que existem até demais!), mas do que são e se delas podemos prescindir. É principalmente esta última questão que me importa. Mas é impossível responder a ela sem antes abordar, ainda que brevemente, a primeira.

O que é uma religião?

A noção é tão vasta, tão heterogênea, que é difícil dar uma definição totalmente satisfatória. O que há de comum entre o xamanismo e o budismo, entre o animismo e o judaísmo, entre o taoísmo e o islã, entre o confucionismo e o cristianismo? Não será um equívoco utilizar a mesma palavra, "religião", em todos esses casos? Não estou longe de pensar que sim. Várias dessas crenças, principalmente as orientais, parecem-me constituir uma mistura de espiritualidade, de moral e de filosofia, mais que uma *religião*, no sentido em que normalmente utilizamos a palavra no Ocidente. Elas dizem respeito menos a Deus do que ao homem ou à natureza. Pertencem menos à fé do que à meditação; suas práticas são menos ritos do que exercícios ou exigências; seus adeptos formam não tanto Igrejas quanto escolas de vida ou de sabedoria. É o caso em especial do budismo, do taoísmo ou do confucionismo, pelo menos em sua forma pura ou purificada, quero dizer, independentemente das superstições que, em todos os países, vêm se acrescentar ao corpo da doutrina, até torná-la, às vezes, irreconhecível. A propósito delas chegou-se a falar de religiões ateias ou agnósticas. A expressão, por mais paradoxal que pareça a nossos ouvidos de ocidentais, não deixa de ter sua pertinência. Buda, Lao-tsé ou Confúcio não são deuses, nem invocam nenhuma divindade, nenhuma revelação, nenhum Criador pessoal ou transcendente. São apenas homens livres, ou libertados: são apenas sábios ou mestres espirituais.

Mas deixemos isso de lado. Não sou nem etnólogo nem historiador das religiões. Eu me interrogo, como filósofo, sobre a possibilidade de viver bem sem religião. Isso supõe que saibamos de que estamos falando. Para isso precisamos de uma definição, nem que seja aproximada e provisória. Cita-se com freqüência, por ser esclarecedora, a que dava Durkheim no primeiro capítulo das *Formas elementares da vida religiosa*: "Uma religião é um sistema solidário de crenças e de práticas relativas a coisas sagradas, isto é, separadas, proibidas, crenças e práticas que unem numa mesma comunidade moral, chamada Igreja, todos os que a ela aderem." Podemos discutir certos pontos (o sagrado não é somente proibido ou separado, também é venerável; a comunidade dos crentes não é necessariamente uma Igreja, etc.), mas não, parece-me, a orientação geral. Note-se que, nessa definição, não se fala expressamente de um ou de vários deuses. É que nem todas as religiões, constata Durkheim, veneram deuses: é o caso do jainismo, que é ateu, ou do budismo, que é "uma moral sem Deus e um ateísmo sem Natureza" (a expressão, citada por Durkheim, é de Eugène Burnouf, grande indianista do século XIX). Todo teísmo é religioso; nem toda religião é teísta.

A definição de Durkheim, centrada nas noções de *sagrado* e de *comunidade*, apresenta assim o que podemos chamar de sentido lato, sociológico ou etnológico, da palavra "religião". Inscrito, já que é essa a minha história, num universo monoteísta, e especialmente no campo da filosofia ocidental, eu proporia um sentido mais restrito, menos etnológico do que teológico ou metafísico, que constituiria como que um subconjunto do primeiro: uma religião, em nossos países, é quase sempre uma crença numa ou em várias divindades. Se quisermos reunir esses dois sentidos, como a língua nos leva a reunir, mas sem confundi-los, teremos a definição seguinte, que retoma e prolonga a de Durkheim: *Chamo de "religião" todo conjunto organizado de crenças e de ritos que remetem a coisas sagradas, sobrenaturais ou transcendentais (é o sentido amplo da palavra), em especial a um ou vários deuses (é o sentido estrito), crenças e ritos esses que unem numa mesma comunidade moral ou espiritual os que com eles se identificam ou os praticam.*

O budismo original era uma *religião*, nesse sentido? Não estou muito certo. Buda não afirmava a existência de nenhuma divindade, e é duvidoso que as palavras "sagrado", "sobrenatural" ou "transcendente" tenham correspondido, para ele e para seus adeptos menos supersticiosos, a uma realidade qualquer. Mas é claro que o budismo histórico, em suas diferentes correntes, *tornou-se* uma religião – com seus templos, seus dogmas, seus ritos, suas preces, seus objetos sagrados ou supostamente sobrenaturais. Mesma coisa, ou quase, no caso do taoísmo ou do confucionismo. Que sabedoria, no começo! Quantas superstições ao longo do tempo! A necessidade de crer tende a preponderar, quase em toda parte, sobre o desejo de liberdade.

O mínimo que se pode dizer é que o Ocidente não escapa disso. Ele também teve suas escolas de sabedoria. Mas que logo serão cobertas pela religiosidade que, em outros tempos, haviam pretendido manter à distância. Fé e razão, *mŷthos* e *lógos* coexistem, e é a isso que se chama uma civilização. As nossas se nutriram, durante séculos, de transcendência. Como não ficariam marcadas por ela? O animismo, em nossos países, morreu. O politeísmo morreu. Não sinto saudade deles, muito pelo contrário! É um primeiro passo, mostra Max Weber, no sentido da racionalização do real. A natureza é como que esvaziada de deuses: resta o vazio do deserto, como dizia Alain, e "a formidável ausência, em toda parte presente". Esta permanece bem viva. O judaísmo, o cristianismo e o islamismo são evidentemente religiões, no sentido estrito que acabo de definir. E, para nossos países, são antes de mais nada esses três monoteísmos que importam.

Um depoimento pessoal

Pode-se viver sem religião? Depende evidentemente de quem se fala. Quem é esse *"se"*?

Trata-se de indivíduos? Então posso dar meu depoimento: de minha parte, posso viver muito bem sem religião!

Sei de que falo, em todo caso posso comparar. Não somente fui criado no cristianismo; acreditei em Deus, com uma fé bem viva, permeada embora de dúvidas, até por volta dos dezoito anos. Depois perdi a fé, e foi como que uma libertação: tudo se tornava mais simples, mais leve, mais aberto, mais forte! Era como se eu saísse da infância, dos seus sonhos e medos, dos seus suores, dos seus langores, como se eu entrasse enfim no mundo real, o dos adultos, o da ação, o da verdade sem perdão e sem Providência. Que liberdade! Que responsabilidade! Que júbilo! Sim, tenho a sensação de viver melhor – mais lucidamente, mais livremente, mais intensamente – desde que sou ateu. Mas isso não poderia valer como lei geral. Vários conversos poderiam dar depoimentos em sentido inverso, constatando que vivem melhor desde que têm fé, como muitos crentes, ainda que compartilhando desde sempre a religião dos pais, poderiam atestar que devem a ela o melhor da sua existência. O que concluir daí senão que somos diferentes? Este mundo me basta: sou ateu e contente de sê-lo. Mas outros, sem dúvida mais numerosos, não estão menos satisfeitos com ter fé. Talvez porque tenham necessidade de um Deus para se consolar, para se tranqüilizar, para escapar do absurdo e do desespero (é esse o sentido, em Kant, dos "postulados da razão prática"), ou simplesmente para dar uma coerência à sua vida – porque a religião corresponde à sua mais elevada experiência, seja ela afetiva ou espiritual, à sua sensibilidade, à sua educação, à sua história, ao seu pensamento, à sua alegria, ao seu amor... Todas essas razões são respeitáveis. "Nossa necessidade de consolo é impossível de ser satisfeita", dizia Stig Dagerman. Nossa necessidade de amor também, nossa necessidade de proteção também, e cada um, em face das suas necessidades, se arranja como pode. Misericórdia para todos.

Lutos e rituais

A maior força das religiões? Não é, ao contrário do que se diz com tanta freqüência, tranqüilizar os crentes em face da morte. A perspectiva do inferno é mais inquietante que a do nada. Aliás, era o principal argumento de Epicuro contra as religiões do seu tempo: elas dão à morte uma realidade que a morte não tem, encerrando assim os vivos, absurdamente, no medo de um perigo puramente fantasmático (o inferno), que chega até mesmo a lhes estragar os prazeres da existência. Contra o que Epicuro ensinava que "a morte não é nada", nem para os vivos, já que não se apresenta enquanto são vivos, nem para os mortos, já que eles não existem mais. Ter medo da morte é, portanto, ter medo de nada. Isso não suprime a angústia (que nossos psiquiatras definem justamente como um medo sem objeto real), mas coloca-a em seu devido lugar e ajuda a superá-la. É a imaginação que se aterroriza em nós. É a razão que tranqüiliza. Do nada, pensando-o estritamente, não há por definição nada a temer. Ao contrário, há algo mais aterrador do que a perspectiva de uma danação eterna? É verdade que muitos cristãos deixaram de acreditar nela. O inferno seria apenas uma metáfora; somente o paraíso deveria ser levado ao pé da letra. Nada detém o progresso...

Os ateus não têm tais preocupações. Eles se aceitam mortais, como podem, e se esforçam para domar o nada. Conseguirão? Eles não se preocupam muito com isso. A morte levará tudo, até as angústias que ela lhes inspira. A vida terrestre lhes importa mais, e lhes basta.

Resta a morte dos outros, e ela é muito mais real, muito mais dolorosa, muito mais insuportável. É aí que o ateu fica mais exposto. Aquele ser a que ele amava mais que tudo – seu filho, seus pais, seu cônjuge, seu melhor amigo – lhe é arrebatado pela morte. Como ele não se sentiria dilacerado? Nenhum consolo para ele, nenhuma compensação, apenas, às vezes, esta pequena tranqüilidade: a idéia de que, pelo menos, o outro não sofrerá mais, de que não tem de suportar esse horror, essa perda, essa atrocidade... Levará muito tempo para que a dor se atenue, pouco a pouco, para que se torne suportável, para que a lembrança daquele que perdemos, de chaga aberta que era de início, se transforme progressivamente em saudade, depois em doçura, depois em gratidão, quase em felicidade... Nós nos dizíamos: "Como é atroz ele não estar mais aqui!" Passam-se os anos, e eis que nos dizemos: "Que bom ele ter vivido, que nos tenhamos encontrado, conhecido, amado!" Trabalho do luto: trabalho do tempo e da memória, da aceitação e da fidelidade. Mas na hora é, evidentemente, impossível. Só há o horror; só há o sofrimento; só há o inconsolável. Como gostaríamos então de crer em Deus! Como invejamos, às vezes, os que crêem nele! Reconheçamos: é esse o ponto forte das religiões, aquele em que elas são praticamente imbatíveis. Será essa uma razão para crer? Para alguns, sem dúvida. Para outros, eu entre eles, seria antes uma razão para se recusar a crer, por considerar que o contrário seria, como se diz, uma apelação demasiado grosseira, ou simplesmente por orgulho, por raiva, por desespero. Estes, apesar da dor, sentem-se como que fortalecidos em seu ateísmo. A revolta diante do pior parece-lhes mais justa que a prece. O horror, mais verdadeiro que o consolo. A paz, para eles, virá mais tarde. O luto não é uma corrida contra o tempo.

Há outra coisa, que não é mais do âmbito do pensamento, mas dos atos, em todo caso dos gestos e de uma certa forma, tão preciosa, de efetuá-los juntos. É que, quando se perde um ente querido, a religião traz não apenas um consolo possível, mas também um ritual necessário, um cerimonial, ainda que sem fasto, como que uma delicadeza última, em face da morte do outro, que ajudaria a enfrentá-la, a integrá-la (tanto psicológica quanto socialmente), enfim a aceitá-la, pois a isso temos de chegar, ou em todo caso a vivê-la. Um velório, uma oração, cantos, preces, símbolos, atitudes, ritos, sacramentos... É uma maneira de controlar o horror, de humanizá-lo, de civilizá-lo, e sem dúvida é necessário. Não se enterra uma pessoa como se enterra um animal. Não se crema uma pessoa como se queima uma acha de lenha. O ritual assinala essa diferença, salienta-a, confirma-a, e é isso que o torna quase indispensável. É o caso do casamento, para os que o julgam necessário, em face do amor ou do sexo. É o caso dos funerais, em face da morte.

Nada impede que os ateus procurem o equivalente, e de fato o fazem. É o que acontece, desde há muito tempo e com êxito desigual, no caso das bodas. O casamento civil, quando não é feito de qualquer jeito, oferece um substituto aceitável. Trata-se de oficializar o ato mais íntimo, mais secreto, mais selvagem, de associar a ele as famílias, os amigos, a própria sociedade. O cartório pode ser suficiente. A festa pode resolver. Mas, e em se tratando da morte? Às vezes, é claro, acontece de as exéquias serem puramente civis: um enterro ou uma cremação não necessitam, como tais, de religião. O recolhimento poderia bastar. O silêncio e as lágrimas poderiam bastar. No entanto é forçoso reconhecer que raramente é assim: nossos funerais laicos quase sempre têm algo de pobre, de banal, de factício, como uma cópia que não consegue fazer esquecer o original. Talvez seja uma questão de tempo. Não se substitui de uma hora para outra 2000 anos de emoção e de imaginário. Mas há mais que isso, sem dúvida. A força da religião, nesses momentos, não é mais que nossa própria fraqueza em face do nada. É o que a torna necessária, para muitos. Estes, a rigor, prescindiriam da esperança, para si mesmos. Mas não de consolo nem de ritos, quando um luto por demais atroz os atinge. As Igrejas aí estão para eles. E não vão desaparecer tão cedo.

"Creio em Deus, porque senão seria muito triste", disse-me um dia uma leitora. Isso, que por certo não é um argumento ("pode ser que a verdade seja triste", dizia Renan), deve no entanto ser levado em conta. Eu ficaria zangado comigo mesmo se levasse a perder a fé quem dela necessita ou, simplesmente, quem vive melhor graças a ela. E estes são incontáveis. Alguns são admiráveis (reconheçamos que há mais santos entre os crentes do que entre os ateus; isso não prova nada quanto à existência de Deus, mas proíbe que se despreze a religião), a maioria dignos de estima. A fé deles não me incomoda nem um pouco. Por que eu deveria combatê-la? Não faço proselitismo ateu. Procuro simplesmente explicar minha posição, argumentá-la, e mais por amor à filosofia do que por ódio à religião. Há espíritos livres nos dois campos. É a eles que me dirijo. Deixo os outros, crentes ou ateus, às suas certezas.

Pode-se viver sem religião? Vê-se que a resposta, de um ponto de vista individual, é ao mesmo tempo simples e matizada: há indivíduos, sou um deles, que passam muito bem sem ela, na vida cotidiana, ou que passam como podem, quando um luto os atinge. Isso não significa que todos possam ou devam viver sem ela. O ateísmo não é nem um dever nem uma necessidade. A religião também não. Só nos resta aceitar nossas diferenças. A tolerância é a única resposta satisfatória à nossa questão, assim entendida.

Nenhuma sociedade pode viver sem comunhão...

Mas o pronome "*se*" também pode designar uma coletividade, uma sociedade e até o conjunto da humanidade. Nossa questão adquire então um sentido bem diferente, menos individual do que sociológico. Ela equivale a perguntar: uma sociedade pode viver sem religião?

Aqui tudo depende não mais *de quem*, mas *do que* se fala – tudo depende do que entendemos por "religião". Se a palavra é entendida em seu sentido ocidental e restrito, como a crença num Deus pessoal e criador, então a questão está historicamente resolvida: uma sociedade pode viver sem religião. Prova disso há muito tempo são o confucionismo, o taoísmo e o budismo, que inspiraram imensas sociedades, admiráveis civilizações, entre as mais antigas das que ainda estão vivas hoje em dia, entre as mais refinadas, inclusive de um ponto de vista espiritual, e que não reconhecem nenhum Deus desse tipo.

Em compensação, se considerarmos a palavra "religião" em seu sentido lato ou etnológico, a questão permanece aberta. A história, por mais longe que remontemos no passado, não conhece sociedade que tenha sido totalmente desprovida de religião. O século XX não é exceção. O nazismo invocava Deus ("*Gott mit uns*"). Quanto aos exemplos da URSS, da Albânia ou da China comunista, são pouco concludentes, é o mínimo que se pode dizer, e, aliás, não são totalmente desprovidos de um componente messiânico ou idólatra (falou-se, a respeito deles, não sem razão, de uma "religião da História"). Como, além do mais, esses exemplos duraram pouco para constituir verdadeiramente uma civilização, e inclusive – felizmente! – para destruir totalmente as civilizações que os viram nascer, forçoso é constatar que não se conhece grande civilização sem mitos, sem ritos, sem sagrado, sem crenças em certas forças invisíveis ou sobrenaturais, resumindo, sem religião, no sentido lato ou etnológico do termo. Deve-se concluir que será sempre assim? Seria ir longe demais, ou ser demasiado apressado. Vale para a espiritualidade o que vale para as cotações da Bolsa: os resultados passados não predizem os resultados futuros. Tendo entretanto a pensar que, daqui a vários séculos, digamos lá pelo ano 3000, continuará havendo religiões, e continuará havendo ateus. Em que proporções? Quem pode saber? E, aliás, não é isso o mais importante. Trata-se menos de prever do que de compreender.

A etimologia, se bem que no caso seja duvidosa, ou talvez por ser duvidosa, pode nos ajudar aqui.

Qual a origem, comum à maioria das línguas ocidentais, da palavra "religião"? Duas respostas competem na história das idéias, e a lingüística moderna, que eu saiba, não conseguiu decidir totalmente entre elas. Nenhuma delas é garantida. As duas são esclarecedoras. E a hesitação, entre uma e outra, o é ainda mais.

A mais freqüentemente sustentada me parece a mais duvidosa. Vários autores, desde Lactâncio e Tertuliano, pensam que o latim *religio* (do qual, isso é certo, vem "religião") vem do verbo *religare*, que significava "amarrar, ligar bem". A hipótese, muitas vezes apresentada como uma evidência, desemboca em certa concepção do fato religioso: a religião, dizem então, é o que *liga*. Isso não prova que o único liame social possível seja a crença em Deus. A história, não voltarei a isso, provou o contrário. Mas o fato é que nenhuma sociedade pode viver sem liame, ou sem liga. Por conseguinte, se todo liame é tido como religioso, como sugere a etimologia, nenhuma sociedade pode viver sem religião. C.Q.D. Isso no entanto é menos uma demonstração do que uma tautologia (se as duas palavras, "religião" e "liame, liga", forem sinônimas) ou um sofisma (se não forem). Uma etimologia, ainda que comprovada, não prova nada (por que a língua teria razão?); e esta, no caso, é duvidosa. Principalmente, pressupor que todo liame é religioso é esvaziar o conceito de *religião* de qualquer sentido razoavelmente preciso e operatório. O interesse também nos liga, especialmente numa sociedade mercantil; não é um motivo para sacralizá-lo, nem para fazer do mercado uma religião.

É verdade que, nos diferentes monoteísmos, as pessoas são ligadas *entre si* (horizontalmente, se assim podemos dizer), por terem todas a sensação de estar ligadas *a Deus* (verticalmente). É como a corrente e a trama do tecido religioso. A comunidade dos crentes – o Povo eleito, a Igreja ou a *Umma* – é tanto mais forte quanto mais sólido é esse duplo liame. Mas qual é, para as ciências humanas, seu conteúdo efetivo? Só pode ser um fenômeno humano, ao mesmo tempo psicológico, histórico e social. O que liga os crentes entre si, do ponto de vista de um observador externo, não é Deus, cuja existência é duvidosa, é o fato de que eles comungam a mesma fé. É esse aliás, segundo Durkheim e a maioria dos sociólogos, o verdadeiro conteúdo da religião, ou sua principal função: ela favorece a coesão social fortalecendo a comunhão das consciências e a adesão às regras do grupo. O medo da polícia e do o-que-vão-dizer-de-mim não basta. A convergência dos interesses não basta. Aliás, esta e aquele são inconstantes (nem sempre há testemunha, e os interesses se opõem pelo menos tanto quanto convergem). Outra coisa é necessária: uma coesão mais profunda, mais essencial, mais duradoura, porque mais interior ou mais interiorizada. É o que chamo de comunhão. Como uma sociedade poderia viver sem ela? Seria renunciar a criar vínculos, a criar uma comunidade, logo renunciar a si mesma. Porque é a comunhão que faz a comunidade, muito mais que o contrário: não é porque existe uma comunidade já constituída que há comunhão; é antes porque há comunhão que há comunidade, e não um simples conglomerado de indivíduos justapostos ou concorrentes. Um povo é mais e melhor que uma horda. Uma sociedade, mais e melhor que uma multidão.

Resta então saber o que é uma comunhão... Eis a minha definição: *comungar é compartilhar sem dividir*. Parece paradoxal. Em se tratando de bens materiais, de fato é impossível. Não se pode comungar *um bolo*, por exemplo, porque a única maneira de compartilhá-lo é dividi-lo. Quanto mais numerosos vocês forem, menores serão os pedaços de cada um; e, se um de vocês tem um pedaço maior, os outros terão menos. Numa família ou num grupo de amigos, em compensação, os convidados podem comungar o prazer que têm de comer juntos um bolo gostoso: todos compartilham o mesmo deleite, mas sem que, para tanto, precisem dividir. Se cinco ou seis comemos o bolo, o prazer não será em nada diminuído em relação ao prazer que haveria em comê-lo sozinho. Ao contrário, ele até aumenta: o prazer de cada um, entre amigos, é como que reforçado pelo prazer de todos! Os estômagos, por certo, terão uma parte menor. Mas os espíritos, um prazer maior, uma alegria maior, como que aumentada, paradoxalmente, pela divisão. É por isso que se fala de comunhão dos espíritos – porque somente o espírito sabe compartilhar sem dividir.

O mesmo se dá, *mutatis mutandis*, na escala de uma sociedade ou de um Estado. Não há comunhão no orçamento nacional, pelo menos de um ponto de vista contábil: se mais recursos são destinados para a agricultura, haverá menos para a educação ou para a indústria; se mais é dado aos desempregados, haverá menos para os assalariados ou os aposentados, etc. Em compensação, numa sociedade democrática e dotada de coesão, como ela tem de ser, pode-se comungar o amor à pátria, à justiça, à liberdade, à solidariedade, em suma, a um certo número de valores comuns, que dão um sentido a esse orçamento e dele fazem algo mais que uma simples questão de relação de forças, de *lobby* ou de aritmética. E o fato de cada um desses valores ser compartilhado por um grande número de indivíduos, como é evidentemente desejável, não diminui em nada sua importância para cada um. Ao contrário! Cada indivíduo é tanto mais apegado a eles quanto sabe que outros, que fazem parte da sua mesma comunidade, também o são. O sentimento de pertença e a coesão andam juntos.

É o que se chama de cultura ou civilização: uma comunhão dos espíritos – histórica e socialmente determinada – na escala de um ou vários povos. De outro modo, não haveria povo. Só haveria indivíduos. Não haveria sociedade. Só haveria multidões e relações de forças.

Um povo é uma comunidade. Isso supõe que os indivíduos que o compõem *comunguem* em alguma coisa. Essa comunhão pode ser desigual e relativa, sempre conflitual (a civilização não é um longo rio plácido), sempre frágil e provisória (nenhuma civilização é imortal), mas nem por isso é menos necessária, ou antes, é ainda mais necessária por causa disso. Sem ela, nenhuma sociedade poderia se desenvolver, nem mesmo subsistir. A lei não pode tudo. A repressão não pode tudo. Não se vai pôr um policial vigiando cada indivíduo... Aliás, se assim fosse, quem vigiaria os policiais? A democracia é uma grande coisa. A ordem pública é uma grande coisa. Mas nem uma nem outra substituem a comunhão que elas supõem.

Não há sociedade sem vínculo: não há sociedade sem comunhão. Isso não prova que toda comunhão, nem portanto que toda sociedade, necessite da crença num Deus pessoal e criador, nem tampouco em forças transcendentes ou sobrenaturais. Em algo sagrado? É uma questão de definição.

Se se entender por *sagrado* o que tem relação com o sobrenatural ou com o divino, isso nos remete ao caso precedente, e nada impede que uma sociedade moderna possa viver vantajosamente sem ele. Uma eleição é melhor que uma sagração; o progresso é melhor que um sacramento ou que um sacrifício (no sentido em que se sacrificava um animal ou um ser humano, em várias civilizações antigas, para aplacar as forças invisíveis). Para obter dos deuses um vento favorável, Agamêmnon degolou sua filha Ifigênia. O que é isso, aos nossos olhos, senão um crime misturado com superstição? A história passou por isso, e ainda bem que já passou. As Luzes passaram por isso. Um amuleto, para nós, é muito mais do âmbito da superstição do que da espiritualidade; um holocausto, muito mais do horror do que da religião.

Em compensação, se entendermos por *sagrado* o que tem um valor absoluto, ou que assim parece, o que se impõe de maneira incondicional, o que não pode ser violado sem sacrilégio ou sem desonra (no sentido em que se fala do caráter sagrado da pessoa humana, do dever sagrado de defender a pátria ou a justiça, etc.), é verossímil que nenhuma sociedade possa dispensá-lo duradouramente. O sagrado, considerado nesse sentido, é o que pode justificar, às vezes, que as pessoas se sacrifiquem por ele. Já não é o sagrado do sacrificador (que sacrifica os outros); é o sagrado do herói (que sacrifica a si mesmo) ou das pessoas de bem (que estariam dispostas, talvez, a tanto). Digamos que é a dimensão de verticalidade, de absoluto ou de exigência (conforme as palavras que se queira utilizar) da espécie humana, dimensão que faz de nós – graças à civilização – outra coisa e mais do que animais. Não podemos evidentemente deixar de nos regozijar com isso. O que não requer nenhuma metafísica particular e nenhuma fé propriamente religiosa! A humanidade, a liberdade ou a justiça não são entidades sobrenaturais. Por isso um ateu pode respeitá-las – e até se sacrificar por elas –, da mesma maneira que um crente. Um ideal não é um Deus. Uma moral não faz uma religião.

Concluamos sobre esse ponto. Nenhuma sociedade pode viver sem comunhão; mas (a não ser que se defina a religião pela comunhão, o que tornaria uma dessas duas palavras inútil) nem toda comunhão é religiosa: pode-se comungar em outra coisa que não o divino ou o sagrado. É principalmente a recíproca que me importa: uma sociedade pode seguramente viver sem deus(es) e, talvez, sem religião; nenhuma pode viver duradouramente sem comunhão.

... nem sem fidelidade

A segunda etimologia possível parece-me a mais verossímil. Muitos lingüistas pensam, com Cícero, que *religio* vem de *relegere*, que podia significar "recolher" ou "reler". Nesse sentido, a religião não é, ou não é antes de mais nada, o que *liga*, mas o que se *recolhe* e *relê* (ou o que se relê com recolhimento): mitos, textos fundadores, um ensinamento (é a origem em hebraico da palavra *Torá*), um saber (é o sentido em sânscrito da palavra *Veda*), um ou vários livros (*Bíblia* em grego), uma leitura ou uma recitação (*Corão* em árabe), uma Lei (*Darma* em sânscrito), princípios, regras, mandamentos (o Decálogo, no Antigo Testamento), resumindo, uma revelação ou uma tradição, mas assumida, respeitada, interiorizada, ao mesmo tempo individual e comum (é onde as duas etimologias possíveis podem se encontrar: reler, inclusive separadamente, os mesmos textos cria um liame), antiga e sempre atual, integradora (num grupo) e estruturante (tanto para o indivíduo como para a comunidade). A religião, de acordo com essa etimologia, deve menos à sociologia do que à filologia: é o amor a uma Palavra, a uma Lei ou a um Livro – a um *Lógos*.

O liame não deixa de existir, mas é muito mais diacrônico do que sincrônico: ele liga o presente ao passado, os vivos aos mortos, a piedade à tradição ou à Revelação. Toda religião é *arcaica*, no triplo sentido etimológico e não pejorativo da palavra: é um começo (*arkhé*) antigo (*arkhaîos*) que comanda (*árkhein*). "De onde nos virá o renascimento?", perguntava Simone Weil. E ela respondia: "Somente do passado, se nós o amarmos." Seria um equívoco ver aí um programa político reacionário. Não se trata de política. Trata-se de espiritualidade. Trata-se de civilização. É o contrário da barbárie, que quer fazer tábua rasa do passado. É o contrário da incultura, que só conhece o presente. "O espírito é a memória", dizia santo Agostinho. Isso vale tanto para os povos como para os indivíduos.

Uma religião, se nos ativermos ao que sugere essa etimologia, pertence menos à *comunhão* (que liga) do que ao que chamo de *fidelidade* (que recolhe e relê), ou antes, só pertence àquela na mesma medida em que pertence a esta. É recolhendo-repetindo-relendo as mesmas palavras, mitos ou textos (conforme se trate de culturas orais ou escritas) que se acaba comungando as mesmas crenças ou os mesmos ideais. O *relegere* produz o *religare*, ou o torna possível: lemos, logo ligamos. O liame se cria (a cada geração) com a condição de que primeiro seja transmitido (*entre* as gerações). É por isso que a civilização sempre precede a si mesma. Não é possível recolher-se juntos (comungar), a não ser onde alguma coisa, primeiro, foi recolhida, ensinada, repetida ou relida. Não há sociedade sem educação. Não há civilização sem transmissão. Não há comunhão sem fidelidade.

Uso a palavra "fidélité" [fidelidade] de propósito, porque, em francês, ela é o alótropo, como dizem os lingüistas, de outra palavra, a palavra "foi" [fé]: os dois vocábulos têm a mesma origem etimológica, no caso o latim *fides*, mas em francês moderno têm sentidos diferentes. Essa origem comum e essa evolução divergente me esclarecem, ambas. Reconheço nelas algo da nossa história, e da minha. A fidelidade é o que resta da fé quando a perdemos. É o meu caso. Não creio mais em Deus, há muito tempo. Nossa sociedade, em todo caso a Europa, crê cada vez menos. Será uma razão para jogar fora o bebê junto com a água da banheira, como se diz familiarmente? Há que renunciar, ao mesmo tempo que ao Deus socialmente morto (como poderia dizer um sociólogo nietzschiano), a todos esses valores – morais, culturais, espirituais – que foram ditos em seu nome? Que esses valores, historicamente, nasceram nas grandes religiões (especialmente nos três grandes monoteísmos, no que concerne às nossas civilizações), ninguém ignora. Que foram transmitidos, durante séculos, pela religião (especialmente, em nossos países, pelas Igrejas católicas e protestantes), é algo de que não vamos esquecer tão cedo. Mas isso não prova que esses valores necessitem de um Deus para subsistir. Tudo prova, ao contrário, que nós é que necessitamos deles – necessitamos de uma moral, de uma comunhão, de uma fidelidade – para poder subsistir de uma maneira que nos pareça humanamente aceitável.

A fé é uma crença; a fidelidade, no sentido em que tomo a palavra, é mais um apego, um comprometimento, um reconhecimento. A fé tem por objeto um ou vários deuses; a fidelidade, valores, uma história, uma comunidade. A primeira é do âmbito do imaginário ou da graça; a segunda, da memória e da vontade.

Fé e fidelidade podem andar juntas, é claro: é o que chamo de piedade, para a qual tendem, legitimamente, os crentes. Mas também pode-se ter uma sem a outra. É o que distingue a impiedade (a ausência de fé) do niilismo (a ausência de fidelidade). Seria um equívoco confundir as duas coisas! Quando não se tem mais a fé, resta a fidelidade. Quando não se tem mais nem uma nem outra, resta apenas o nada e o pior.

Sinceramente, será que você precisa acreditar em Deus para pensar que a sinceridade é melhor do que a mentira, que a coragem é melhor do que a covardia, que a generosidade é melhor do que o egoísmo, que a doçura e a compaixão são melhores do que a violência ou a crueldade, que a justiça é melhor que a injustiça, que o amor é melhor que o ódio? Claro que não! Se você acredita em Deus, você reconhece em Deus esses valores; ou, talvez, você reconhece Deus neles. É a figura tradicional: sua fé e sua fidelidade andam juntas, e não sou eu que vou criticá-lo por isso. Mas os que não têm fé, por que seriam incapazes de perceber a grandeza humana desses valores, sua importância, sua necessidade, sua fragilidade, sua urgência, e respeitá-los por isso?

Façamos uma experiência de pensamento. Dirijo-me aqui aos crentes que têm, como eu, filhos crescidos (os meus são jovens adultos). Imagine que você perde a fé. Afinal, isso acontece... É provável que você vá querer falar a esse respeito com seus próximos, por exemplo, à mesa familiar, em particular com seus filhos. Mas para lhes dizer o quê? Se fé e fidelidade fossem indissociáveis, como alguns pretendem, você deveria lhes dizer mais ou menos o seguinte: "Filhos, deu-se em mim uma mudança surpreendente: não creio mais em Deus! Em conseqüência disso, quero lhes dizer solenemente que vocês devem esquecer todos os valores que me esforcei para lhes transmitir, durante a infância e a adolescência de vocês: era conversa-fiada!" Reconheçamos que essa posição, embora abstratamente possível, é muito improvável. Nesse tipo de situação, é quase certo que você falaria de uma maneira bem diferente, oposta até, que poderia ser mais ou menos esta: "Filhos, devo lhes dizer uma coisa muito importante: perdi a fé, não creio mais em Deus! Mas, é claro, no que diz respeito aos valores que procurei lhes transmitir, nada se altera: conto com que vocês continuem a respeitá-los!" Qual de vocês, dentre os crentes, não achará esse segundo discurso mais satisfatório – de um ponto de vista moral e inclusive de um ponto de vista religioso – do que o primeiro? Só por não crer mais em Deus, alguém tem de se tornar um covarde, um hipócrita, um canalha? Claro que não! A fé nem sempre basta – infelizmente! – para a fidelidade. Mas a ausência de fé de modo algum a dispensa. De resto, a fé, em boa teologia, é uma graça, que vem de Deus. A fidelidade seria, antes, um encargo (só que libertador), para o qual a humanidade é suficiente. Pode-se, sem decair, viver sem a primeira, mas não sem a segunda. Tenha-se ou não uma religião, a moral continua sempre, humanamente, valendo.

Que moral? Não temos escolha. Mesmo sendo humana e relativa, como creio que é, a moral não decorre nem de uma decisão nem de uma criação. Cada um de nós só a encontra em si na medida em que a recebeu (e, no fundo, pouco importa que seja de Deus, da natureza ou da educação) e em que só pode criticar este ou aquele aspecto dela em nome deste ou daquele outro (por exemplo, a moral sexual em nome da liberdade individual, a liberdade em nome da justiça, etc.). Toda moral vem do passado: ela se arraiga na história, no caso da sociedade, e na infância, no caso do indivíduo. É o que Freud chama de *superego*, que representa o passado da sociedade, dizia ele, assim como o *id* representa o passado da espécie. Isso não nos impede de criticar a moral dos nossos pais (de resto, a livre crítica faz parte dos valores que eles nos transmitiram), de inovar, de mudar; mas nós sabemos muito bem que só poderemos fazê-lo de forma válida apoiando-nos no que recebemos – que não se trata de abolir mas de cumprir, como dizem as Escrituras.

Niilismo e barbárie

O niilismo faz o jogo dos bárbaros. Mas há dois tipos de barbárie, que é bom não confundir: uma, irreligiosa, nada mais é que um niilismo generalizado ou triunfante; a outra, fanatizada, pretende impor sua fé pela força. O niilismo leva à primeira e abre espaço para a segunda.

A barbárie niilista não tem programa, não tem projeto, não tem ideologia. Não necessita de nada disso. Os niilistas não crêem em nada: só conhecem a violência, o egoísmo, o desprezo, o ódio. São prisioneiros das suas pulsões, da sua tolice, da sua incultura. Escravos do que tomam por sua liberdade. São bárbaros por falta de fé ou de fidelidade: são os espadachins do nada.

A barbárie dos fanáticos tem outro estilo. Não lhes falta a fé, muito pelo contrário! Eles são cheios de certezas, de entusiasmo, de dogmatismo: eles tomam sua fé por um saber. Por ela, estão dispostos a morrer e a matar. Eles não duvidam. Eles não hesitam. Eles conhecem a Verdade e o Bem. Para que necessitam de ciências? Para que necessitam de democracia? Tudo está escrito no Livro. Basta crer e obedecer. Entre Darwin e o Gênesis, entre os direitos do homem e a Sharia, entre os direitos dos povos e a Torá, eles escolheram de que lado estão, de uma vez por todas. Eles estão do lado de Deus. Como poderiam estar errados? Por que deveriam crer em outra coisa, submeter-se a outra coisa? Fundamentalismo. Obscurantismo. Terrorismo. Eles querem fazer-se de anjos; fazem-se de bestas ou de tiranos. Tomam-se por Cavaleiros do Apocalipse. São os janízaros do absoluto, que eles pretendem possuir com exclusividade e que reduzem à dimensão, singularmente estreita, da sua boa consciência. São prisioneiros da sua própria fé, escravos de Deus ou do que consideram ser – sem provas – sua Palavra ou sua Lei. Espinosa disse sobre eles o essencial: "Eles combatem por sua servidão como se se tratasse da sua salvação." Eles se pretendem submetidos a Deus. Têm plena liberdade para isso, contanto que não usurpem a nossa. E que não tentem nos submeter!

O que podemos temer de pior? A guerra dos fanatismos. Ou (poderiam ser as duas coisas) que não tenhamos a opor, aos diversos fanatismos de uns, nada mais que o niilismo de outros. A barbárie então necessariamente prevaleceria, e pouco importa que ela venha do Norte ou do Sul, do Oriente ou do Ocidente, que ela invoque Deus ou o Nada. É duvidoso, em todo caso, que o planeta sobreviva a ela.

O contrário da barbárie é a civilização. Não se trata de "inverter todos os valores", como queria Nietzsche, nem mesmo, no essencial, de inventar novos. Os valores são conhecidos; a Lei é conhecida. Faz pelo menos vinte séculos, em todas as grandes civilizações existentes na época, que a humanidade "selecionou", como diria um darwiniano, os valores fundamentais que nos permitem viver juntos. É o que Karl Jaspers chama de "era axial" (do grego *axios*, valor), de que somos devedores. Quem gostaria de voltar a antes de Heráclito ou de Confúcio, de Buda ou de Lao-tsé, de Zoroastro ou de Isaías? Repetir o que eles disseram? É evidente que isso não basta. Mas compreender, prolongar, atualizar, transmitir suas palavras! Não haverá progresso de outro modo. Alain, na França, e Hannah Arendt, nos Estados Unidos, mostraram isso muito bem: é transmitindo o passado às crianças que lhes possibilitamos inventar seu futuro; é sendo culturalmente conservador que se pode ser politicamente progressista. Isso vale especialmente em matéria de moral, e tanto no que concerne aos valores mais antigos (os das grandes religiões e das sabedorias antigas: a justiça, a compaixão, o amor...) como aos mais recentes (os das Luzes: a democracia, a laicidade, os direitos humanos...). Do passado não façamos tábua rasa!* Não se trata, salvo exceção, de inventar novos valores; trata-se de inventar, ou de reinventar, uma nova fidelidade aos valores que recebemos e que temos o encargo de transmitir. É como uma dívida em relação ao passado, que só poderíamos saldar investindo no futuro: a única maneira de ser verdadeiramente fiel aos valores que herdamos é, evidentemente, legá-los aos nossos filhos. O conceito de *transmissão* e o de *fidelidade* são indissociáveis: aquela nada mais é que o prolongamento, para o futuro, daquilo que esta reconhece ter recebido do passado. São os dois pólos de toda tradição viva, logo também de toda civilização. Para essa espécie de rio que é a humanidade, continuar a seguir em frente é a única maneira de não trair a fonte.

---

* Alusão à letra da *Internacional*: do passado façamos tábua rasa. (N. do T.)

O que resta do Ocidente cristão quando ele já não é cristão?

Recapitulemos. Uma sociedade pode muito bem viver sem *religião* no sentido ocidental e restrito do termo (a crença num Deus pessoal e criador); ela poderia talvez viver sem o sagrado e o sobrenatural (sem religião no sentido lato); mas não pode viver nem sem *comunhão*, nem sem *fidelidade*.

Essa exigência vale para todas as civilizações. Se estivéssemos na China, na Índia ou no Irã, a questão também se colocaria, embora em termos diferentes. Acontece que estamos no Ocidente. Temos de assumir esse dado de fato, que é ao mesmo tempo geográfico e histórico. Quanto às suas fontes, nossa civilização é indissociavelmente grecolatina e judaico-cristã, e isso me convém plenamente. Ela se tornou laica, e isso me convém ainda mais. Mas essa laicidade não pode ser uma casca vazia, nem uma forma elegante de amnésia ou renegação, como que um niilismo refinado (isto é, mais ou menos uma decadência). Concretamente, isso significa que a verdadeira questão, para os nossos países, é a seguinte: o que resta do Ocidente cristão, quando ele não é mais cristão?

E aí, das duas, uma.

Ou você acha que não resta nada, e nesse caso só resta apagar a luz e ir se deitar. Não temos mais nada a opor nem ao fanatismo, do lado de fora, nem ao niilismo, do lado de dentro – e o niilismo, ao contrário do que muitos parecem acreditar, é de bem longe o perigo principal. Somos uma civilização morta, em todo caso moribunda. Nossos vendedores podem continuar a vender carros, computadores, filmes, *videogames*... Isso não tem mais importância e não vai durar muito – porque a humanidade não pode mais se reconhecer suficientemente em tudo isso, não pode mais encontrar em tudo isso razões de viver e de lutar, logo tampouco os meios para resistir ao pior que se anuncia (o horror econômico, ecológico, ideológico). A riqueza nunca bastou para fazer uma civilização. A miséria, menos ainda. É necessário também cultura, imaginação, entusiasmo, criatividade, e nada de tudo isso prospera sem coragem, sem trabalho, sem esforço. "O principal perigo a ameaçar a Europa é a fadiga", dizia Husserl. Boa noite, minha gente: o Ocidente não tem mais fé, tem sono.

Ou, segundo termo da alternativa, você acha que resta alguma coisa do Ocidente cristão quando ele não é mais cristão... E, se o que dele resta não é mais uma *fé* comum (já que ela, de fato, deixou de ser comum: hoje, um em cada dois franceses é ateu, agnóstico ou sem religião, um em cada catorze é muçulmano, etc.), só pode ser uma *fidelidade* comum, isto é, um apego compartilhado a esses valores que recebemos, o que supõe ou acarreta, para cada um de nós, a vontade de transmiti-los.

Crer ou não crer em Deus? A questão, para o indivíduo, é apaixonante (a ela consagrarei o segundo capítulo). Mas não está aí, para os povos, o essencial. Não vamos submeter o destino da nossa civilização a uma questão objetivamente insolúvel! Há coisas mais importantes. Há coisas mais urgentes. Inclusive para os indivíduos, aliás, a questão da fé não poderia ocultar a questão, mais decisiva, da fidelidade. Vou submeter minha consciência a uma crença (ou a uma descrença) inverificável? Fazer minha moral depender da metafísica? Medir meus deveres pela minha fé? Seria sacrificar o certo ao incerto, e a humanidade necessária a um Deus apenas possível. É por isso que costumo me definir como um *ateu fiel*: ateu, já que não creio em nenhum Deus nem em nenhuma força sobrenatural; mas fiel, porque eu me reconheço em certa história, em certa tradição, em certa comunidade e, especialmente, nos valores judaico-cristãos (ou greco-judaico-cristãos) que são os nossos.

Fui preparado para tanto por minha adolescência. Na época eu era cristão, já disse; mas não passava meu tempo lendo o catecismo. Naqueles anos, quem mais me ensinou, por muito tempo, em matéria de moral, muito mais do que qualquer padre, do que qualquer filósofo, foi Georges Brassens*. Todo o mundo sabe que ele não acreditava em Deus. Mas quem não vê que a sua moral (sem se confundir, é claro, com a do Vaticano!) traz a marca dos Evangelhos, que é profundamente fiel a eles? Ouçam "L'Auvergnat", "La Jeanne" ou "Le mécréant"... O que há de mais evangélico do que essa moral "sem obrigação nem sanção", como diria Jean-Marie Guyau?

Outro mestre, que só vim a descobrir bem mais tarde: Montaigne. Ele acreditava em Deus? Os especialistas discutem esse tema. Montaigne se refere muito mais a Sócrates do que a Abraão, muito mais a Lucrécio do que a Jesus. É um mestre da liberdade, principalmente. Mas isso não impede que, em matéria de moral, ele às vezes invoque o Gênesis ("a primeira lei que Deus deu ao homem") ou evoque os mandamentos "que Moisés dirigiu ao povo judeu ao sair do Egito". Sua mãe, parece, era judia. Talvez isso o

---

* Um dos maiores poetas da canção francesa (1921-1981, grande prêmio de poesia da Academia em 1967). Iconoclasta, anticonformista, tinha no calor humano e na amizade, na crítica burlesca ao tradicionalismo e à carolice alguns dos seus principais temas, como é o caso das canções citadas. (N. do T.)

tenha ajudado a compreender que não há contradição entre a fidelidade e a liberdade de espírito.

Mesma lição em Espinosa. Ele não era mais cristão do que eu; talvez fosse até tão ateu quanto eu (em todo caso, ele não acreditava num Deus transcendente). Isso não o impedia de ver em Jesus Cristo um mestre de primeira ordem. Um Deus? Certamente não. O Filho de Deus? Também não. Jesus, para Espinosa, era apenas um ser humano excepcional, "o maior dos filósofos", disse ele certa feita, aquele que, em matéria de ética, melhor soube dizer o essencial. O quê? Isto, que Espinosa chama de "o espírito de Cristo": que "a justiça e a caridade" são toda a lei, que não há outra sabedoria senão amar, nem outra virtude, para um espírito livre, senão "agir bem e manter-se alegre". Só por ser ateu, não se pode perceber a grandeza dessa mensagem?

"Ateu cristão" ou "gói assimilado"?

Quatro histórias, para ilustrar essa exigência de fidelidade, ou antes, duas lembranças, um caso engraçado e uma história.

Começo pela lembrança menos antiga. Foi há uns quinze anos, em Salzburgo, na Áustria, num colóquio interdisciplinar sobre a evolução das nossas sociedades. Um dos debates de que participei era mediado por Jean Boissonnat, que dirigia então, na França, uma grande revista de economia. Teço, sobre o tema em pauta, e sem esconder meu ateísmo, considerações ligadas ao que hoje chamo de fidelidade; cito Montaigne e Rousseau, Kant e Wittgenstein, mas também, o que surpreendeu mais, algumas passagens do Antigo e do Novo Testamento, que comento a meu modo, apoiando-me às vezes em Tomás de Aquino, Pascal ou Kierkegaard... Jean Boissonnat, surpreso com essa orientação, que ele considera singular na cena intelectual francesa, me diz: "Na verdade, Comte-Sponville, o senhor é um ateu cristão!" A fórmula me parece demasiado paradoxal, se não contraditória, para que eu possa aceitá-la: "Um cristão crê em Deus, o que não é o meu caso", respondo. "Logo, não sou cristão. Mas sou, ou tento ser, um ateu fiel..." Salvo engano, era a primeira vez que eu utilizava a expressão.

Dias depois, de volta a Paris, conto essa história a um amigo. Cito a expressão que Jean Boissonnat havia utilizado, evoco minha surpresa e minha resposta... E meu amigo comenta: "Ateu cristão ou ateu fiel, que diferença faz? No fundo, Boissonnat tem razão! Veja nossos amigos judeus: muitos se dizem 'judeus ateus'. O que isso significa? Com certeza não quer dizer que eles teriam genes de judeidade, cuja existência é no mínimo duvidosa e da qual a maioria deles está pouco se importando! Não, o que eles querem dizer é que não acreditam em Deus, logo que são ateus, mas que isso não os impede de se vivenciar como judeus. Por quê? Não por causa dos genes, que aqui não têm pertinência, mas por causa da fé, que eles não têm, nem apenas, não obstante o que Sartre pensava, por reação ao antissemitismo. Se eles se sentem judeus é porque se sabem e querem ser parte de certa história, de certa tradição, de certa comunidade... Pois bem, exatamente no mesmo sentido em que eles se dizem 'judeus ateus', você pode se dizer 'cristão ateu' ou 'ateu cristão'!"

Não segui o conselho dele, que podia acarretar, parecia-me, um bocado de confusões ou de mal-entendidos.

Mas, quanto ao fundo e apesar das diferenças evidentes (não há, na história do cristianismo, o equivalente da diáspora, nem da Shoah, nem de Israel), meu amigo não estava errado: eu me sinto ligado à tradição cristã (ou judaicocristã, voltarei a isso), mais ou menos como alguns dos meus amigos judeus ateus se sentem ligados à tradição ou à comunidade que lhes é própria. Alguns deles, aliás, me ajudaram a compreender isso, o que me leva à minha segunda história.

Foi alguns anos antes. Eu era um jovem professor de filosofia, ensinando então no secundário, numa escola do interior. Um dia, de passagem por Paris, encontro, no Boulevard Saint-Michel, um dos meus ex-colegas de curso preparatório, que fazia anos eu não via. Vamos tomar alguma coisa no balcão de um café, na Place de la Sorbonne. Fazemos um rápido balanço da nossa vida: ensinei em tal lugar, depois em outro, me casei, tive filhos, publiquei tal livro... Depois meu amigo acrescenta:

– Tem outra coisa. Voltei a freqüentar a sinagoga.
– Você era judeu?
– Continuo sendo!
– Você nunca me disse! Como eu podia saber?
– Com este meu sobrenome...
– Sabe, quando alguém não é judeu nem anti-semita, um sobrenome, a não ser que seja Lévy ou Cohen, não revela grande coisa...

Meu amigo, da época em que éramos estudantes, era desses judeus tão integrados ou assimilados que se podia ter a impressão de que essa questão, para eles, não se colocava mais, nem de um ponto de vista religioso (a maioria deles era ateu), nem de um ponto de vista étnico (todos eram anti-racistas), nem mesmo de um ponto de vista cultural (quase todos eram universalistas). Só se sentiam judeus, explicavam-me vários deles, na medida em que havia anti-semitas; ora, na época, havia pouquíssimos anti-semitas nos meios que freqüentávamos, e aliás era melhor para eles não se manifestarem! Esse amigo, na minha lembrança, não era exceção. Durante os nossos anos de estudo, ele nunca falava nem de religião nem de judeidade. Ele passava por ateu ou agnóstico, o que sem dúvida era mesmo, como a maioria de nós; afastava-se pouco a pouco do maoísmo da sua adolescência, interessava-se principalmente por Kant e pela fenomenologia... Eu não sabia que ele era judeu, e essa questão, na época, teria me parecido irrelevante. Para que, entre incréus, evocar a fé que não se tem? Eram velharias. A modernidade nos interessava mais. E eis que eu o encontro, apenas dez anos depois, freqüentando a sinagoga! Tal evolução me surpreende. Interrogo-o portanto sobre o que me parece essencial:

– Quer dizer que agora você acredita em Deus?

Meu amigo abre um sorriso encantador. E responde:

– Sabe, para um judeu, crer ou não em Deus não é uma questão verdadeiramente importante...

Fico pasmo. Para alguém, como eu, que havia sido criado no catolicismo, acreditar em Deus ou não era, ao contrário, nesse âmbito, a única questão importante! Meu amigo me explica que para ele era bem diferente. Por que dar tanta importância, ele me pergunta, a uma questão cuja resposta não podemos conhecer, sobre a qual não podemos nem agir nem influir? É melhor se preocupar com o que conhecemos e depende de nós! E ele me cita, com um sorriso, a velha piada: "Deus não existe, mas somos seu povo eleito..." Resumindo, meu amigo me explica que, para um judeu, como ele dizia, em todo caso para ele, o apego a certa história, a certa tradição, a certa Lei, a certo Livro, logo também ao pertencimento a certa comunidade, importavam mais que o fato, afinal contingente e um tanto secundário, de crer em Deus ou não. Além do mais, ele era um jovem pai de família e queria transmitir aos filhos essa herança que acabava de redescobrir. "O judaísmo", concluiu, "é a única religião para a qual o primeiro dever dos pais é ensinar os filhos a ler: para que possam ler a Torá..."

Ele foi, para mim, o primeiro de uma longa série. Na França, toda uma geração de judeus parecia reavaliar sua relação com o judaísmo, inclusive dentre os que continuavam a se dizer ateus, como a maioria dos meus amigos, o que me fez refletir muito. Essa tradição deles, eu me dizia, também é a nossa, em boa parte. Se eles têm razão de voltar a ela, de explorá-la, de assumi-la, mesmo sem acreditar em Deus, não há uma certa tolice no desprezo com que, muitas vezes, nos manifestamos em relação a ela? Que o povo judeu tenha podido subsistir por tantos séculos sem Estado, sem terra, sem outro refúgio além da memória e da fidelidade, e com tanta criatividade, tanta liberdade de espírito, tamanha contribuição para o progresso das ciências e dos povos, é algo que talvez merecesse reflexão...

Eu tinha a súbita sensação de avançar em território desconhecido, ao mesmo tempo que voltava para casa.

O epíteto "judaico-cristão", naqueles anos, tinha se tornado pejorativo (principalmente quando se falava de "moral judaico-cristã", sempre tida como repressiva, castradora, culpabilizadora). Nietzsche ou o hedonismo reinavam absolutos, o que trouxe, de início, é verdade, como que um vento tonificante e libertador. Com o tempo, porém, também enxerguei um perigo e uma injustiça nesse juízo. "Será a palavra 'judeu' que incomoda, ou a palavra 'cristão'?", eu me indagava. A resposta podia variar, conforme os momentos ou os meios. Mas forçoso era reconhecer, no que me dizia respeito, que nenhuma das duas me incomodava, muito pelo contrário, e até que havia na expressão, para um ateu como eu me tornara, como que uma dupla dívida de honra ou de espírito. Resumindo, foi pensando em meus amigos judeus, e por repulsa aos anti-semitas, que às vezes eu me definia, quando me interrogavam sobre a minha religião, como *"gói assimilado"*. Não passava de uma piada, mas que também diz, de um outro ponto de vista, o que é, em terras judaico-cristãs, um ateu fiel...

Dois rabinos, um dalai-lama e um perigordino

Meu caso engraçado vai no mesmo sentido: é uma anedota de judeu. Lembro-me de tê-la contado numa conferência, numa cidade do leste da França, em Estrasburgo se bem me lembro. Os organizadores haviam programado um coquetel para depois da conferência. Apresentam-me algumas personalidades importantes, entre elas o grão-rabino da cidade. Fazemos um brinde. Ele me conta sorrindo:

– Aconteceu uma coisa divertida durante a sua conferência.

– O quê?

– O senhor estava falando de fidelidade... Eu me virei para o meu vizinho e cochichei-lhe no ouvido: "Isso me lembra uma anedota de judeu. Depois eu conto..." Era a história que o senhor mesmo contou segundos depois!

Eis portanto uma história autenticada, e não é pouco, pelo grão-rabinato de Estrasburgo ou de seus arredores... É a história de dois rabinos que jantam juntos. São amigos.

Podem dizer tudo um ao outro. Discutem até tarde da noite sobre a existência de Deus. E concluem que, afinal de contas, Deus não existe. Os dois rabinos vão dormir. Nasce o dia. Um dos dois rabinos acorda, procura seu amigo dentro de casa, não o encontra, vai procurá-lo fora, no jardim, onde por fim o encontra, fazendo as preces rituais da manhã. Surpreso, pergunta-lhe:

– Ué, o que você está fazendo?
– Não está vendo? Minhas preces rituais da manhã.
– Pois é isso mesmo que me espanta. Conversamos boa parte da noite e chegamos à conclusão de que Deus não existe, e você agora faz as suas preces rituais da manhã!

O outro lhe responde simplesmente:
– E o que Deus tem a ver com isso?

Humor judaico: sabedoria judaica. O que faz rir é achar meio esquisito continuar a fazer suas preces rituais quando não se crê mais em Deus. Mas esse riso talvez esconda uma lição, ou a desvende. Às vezes, quando alguém se espantava com a minha fidelidade à tradição judaico-cristã, quando sou ateu, ou com o meu ateísmo, quando eu me reconheço nessa tradição, eu simplesmente respondia: "E o que Deus tem a ver com isso?" Quem tiver humor que entenda.

Para tanto – será preciso lembrar? – não é necessário ser judeu, nem ser cristão, nem ter sido um dia. Não há povo eleito, nem civilização obrigada. Se eu tivesse nascido na China, na Índia ou na África, meu caminho seria evidentemente diferente. Mas também passaria por uma forma de fidelidade (nem que crítica ou ímpia, como é a minha), única coisa capaz de dar corpo, para além da diversidade das culturas, ao que há de universalmente humano em cada uma delas – e, mais ainda, em seu encontro, que é a verdadeira civilização. "Quando não sabemos aonde vamos, é bom nos lembrar de onde viemos", diz um provérbio africano. E somente essa lembrança – a história, a cultura – nos possibilita saber aonde *queremos* ir. Progressismo e fidelidade andam juntos. O universal não está atrás de nós, mas na frente. E só podemos alcançá-lo pela particularidade de um caminho.

Não me lembro mais onde li minha última anedota. Mas ela parecia vir de uma testemunha direta e de boa-fé. Um dia, depois de uma conferência que o dalai-lama acabava de dar, não sei em que lugar da Europa, um jovem francês vai ter com ele: "Vossa Santidade", diz-lhe, "eu queria me converter ao budismo..." O dalai-lama, em sua imensa sabedoria, lhe responde simplesmente: "Mas por que o budismo? Na França, vocês têm o cristianismo... O cristianismo é ótimo!" Não conheço frase mais irreligiosa, nem mais fiel, do que essa. Ela me faz pensar na conhecida fórmula de Montaigne, na *Apologia de Raymond Sebond*: "Somos cristãos do mesmo modo que somos perigordinos ou alemães." Um dos seus melhores comentadores, Marcel Conche, conclui daí, a justo título, que, como Montaigne era incontestavelmente perigordino, também era incontestavelmente cristão. Sem dúvida. Mas de uma maneira que não podia satisfazer à sua Igreja (os *Ensaios* serão postos no *Índex* em 1676), nem nos permite saber se ele acreditava ou não em Deus... A fórmula, nesse ponto, não nos permite concluir. Ela sugere simplesmente, é aí que reside seu valor, que não é isso o essencial – que a fidelidade, no sentido em que emprego a palavra, importa mais que a fé.

Perder a fé muda alguma coisa?

Isso não significa que o fato de ser ateu, ou de se tornar ateu, não mude coisa alguma. Sei disso por experiência própria: fui crente nos anos mais importantes da minha vida – a infância, a adolescência – e pude avaliar, *a posteriori*, a diferença. Ela não é nem total nem nula. Aliás, é o que Kant, do seu ponto de vista de filósofo crente, confirma. Num trecho célebre da *Crítica da razão pura*, ele resume o domínio da filosofia em três questões: *Que posso conhecer? Que devo fazer? Que posso esperar?* Confrontemos rapidamente cada uma das três com a perda eventual da fé.

Perder a fé não muda em nada o conhecimento. As ciências continuam sendo as mesmas, com os mesmos limites. Nossos cientistas sabem disso muito bem. Eles crerem ou não em Deus pode modificar o modo como vivem sua profissão (seu estado de espírito, sua motivação, o sentido último, para eles, da sua pesquisa); mas não muda os resultados do seu trabalho, nem o estatuto teórico deste, nem portanto a profissão do cientista como tal (senão, ele deixaria de ser cientista). Pode mudar sua relação subjetiva com o conhecimento; mas não muda o próprio conhecimento, nem seus limites objetivos.

Não muda em nada, tampouco, ou em quase nada, a moral. Não é porque você perdeu a fé que vai de repente trair seus amigos, roubar ou estuprar, assassinar ou torturar! "Se Deus não existe, tudo é permitido", diz um personagem de Dostoiévski. Claro que não, já que eu não me permito tudo! A moral é autônoma, mostra Kant, ou não é moral. Quem só se impedisse de matar por medo de uma sanção divina teria um comportamento sem valor moral:

seria apenas prudência, medo do policial divino, egoísmo. Quanto a quem só faz o bem para a sua salvação, não faria o bem (já que agiria por interesse, e não por dever ou por amor) e não seria salvo. É o ápice de Kant, das Luzes e da humanidade: não é porque Deus me ordena alguma coisa que está certo (porque nesse caso poderia ter sido certo, para Abraão, matar seu filho); é porque uma ação é boa que é possível acreditar que ela é ordenada por Deus. Não é mais a religião que funda a moral; é a moral que funda a religião. É onde começa a modernidade. Ter uma religião, precisa a *Crítica da razão prática*, é "reconhecer todos os deveres como mandamentos divinos". Para os que não têm ou deixaram de ter fé, já não há mandamentos, ou antes, os mandamentos já não são divinos; restam os deveres, que são os mandamentos que impomos a nós mesmos.

Bela fórmula de Alain, em suas *Cartas a Sergio Solmi sobre a filosofia de Kant*: "A moral consiste em se saber espírito e, por esse motivo, absolutamente obrigado; porque a nobreza obriga. Na moral, não há nada mais além do sentimento de dignidade." Roubar, estuprar, matar? Não seria digno de mim – não seria digno do que a humanidade se tornou, não seria digno da educação que recebi, não seria digno do que sou e quero ser. Proíbo-me de fazê-lo, portanto, e é isso que se chama moral. Não é preciso crer em Deus para isso; basta crer em seus pais e em seus mestres, em seus amigos (se soubemos escolhê-los) e em sua consciência.

Se digo que a presença ou não de uma fé religiosa não muda "quase" nada na moral, é que, sobre certas questões, que pertencem menos à moral que à teologia, haverá apesar de tudo algumas pequenas diferenças... Pensem, por exemplo, no problema da contracepção em geral ou do preservativo em particular. O aborto é um problema moral:

ele se coloca tanto para os crentes como para os ateus, e houve partidários da liberação, embora em proporções diferentes, dos dois lados. Já sobre o preservativo, nunca vi um ateu interrogar-se seriamente a seu respeito. Se você não tem religião, a questão de saber se é moralmente aceitável utilizar um preservativo (seja como meio contraceptivo, seja, *a fortiori*, para se proteger e proteger o outro contra a aids) encontra rapidamente resposta! O preservativo não é um problema moral; é um problema teológico (e olhe lá! Nunca li nada a esse respeito nos Evangelhos...). Mesma coisa, cá entre nós, no caso das preferências sexuais de fulano ou beltrano. A moral não tem de se imiscuir entre parceiros adultos e consencientes. A homossexualidade, por exemplo, talvez seja um problema teológico (é o que sugere, no Gênesis, a destruição de Sodoma e Gomorra). Ela não é – ou já não é – um problema moral, ou só o é, hoje ainda, para os que confundem moral e religião, especialmente se buscam na leitura literal da Bíblia ou do Corão o que os dispense de julgar por si mesmos. É um direito deles, enquanto só deles se tratar, enquanto eles respeitarem as leis das nossas democracias (a soberania do povo, as liberdades individuais). E é nosso direito não concordar com eles, combatê-los se quisermos (contanto, aqui também, que respeitemos as leis), enfim defender, contra eles, nossa liberdade de consciência e de exame. Por que deveria eu submeter meu espírito a uma fé que não tenho, a uma religião que não é a minha, enfim, aos ditames impostos, séculos ou milênios atrás, por um chefe de clã ou de guerra? Fidelidade, sim, mas crítica, refletida, atualizada. Submissão cega, não.

Mas deixemos essas querelas ou esses arcaísmos. Em todas as grandes questões morais, e salvo o caso dos integristas, crer ou não em Deus não muda nada de essencial.

Quer você tenha ou não uma religião, isso não o dispensa de respeitar o outro, sua vida, sua liberdade, sua dignidade; isso não anula a superioridade do amor sobre o ódio, da generosidade sobre o egoísmo, da justiça sobre a injustiça. O fato de as religiões terem nos ajudado a compreender isso faz parte da sua contribuição histórica, que foi grande. Isso não significa que elas bastem para compreendê-lo ou detenham o monopólio dessa compreensão. Bayle, desde o fim do século XVII, havia salientado vigorosamente: um ateu pode ser virtuoso, tanto quanto um crente pode não sê-lo.

As duas tentações da pós-modernidade

Mas, infelizmente, quem lê Bayle hoje em dia? Sade e Nietzsche estão mais em voga entre os nossos intelectuais. Talvez porque falem melhor à nossa fadiga, ao nosso tédio, aos nossos sentidos ou aos nossos espíritos embotados... Nós nos cansamos de tudo, inclusive e principalmente da grandeza. Se assim não fosse, haveria decadências? O caso é que duas tentações, ambas mortíferas, ameaçam nossa modernidade de dentro ou a transformam em pós-modernidade: tentação da sofística, de um ponto de vista teórico; tentação do niilismo, de um ponto de vista prático. A pós-modernidade, diria eu à maneira de Régis Debray, é o que resta da modernidade quando se apagam as Luzes – é uma modernidade que não crê mais na razão, nem no progresso (político, social, humano), nem portanto em si mesma. Se tudo se equivale, nada vale: uma ciência não passa de uma mitologia como outra qualquer, o progresso não passa de uma ilusão e uma democracia respeitadora dos direitos humanos não é em nada superior a uma sociedade escravagista e tirânica. Mas então o que restam das Luzes, do progressismo e da civilização?

Que o progresso não é nem linear nem garantido, é evidente. Isso justifica que combatamos por ele (a decadência também é possível), não que renunciemos a ele.

Chamo de *"sofística"* todo discurso que se submete a outra coisa que não à verdade ou que pretende submeter a verdade a outra coisa que não a si mesma. Isso culmina – ou antes desmorona – numa afirmação de ares dostoievskianos, mas de conteúdo mais para nietzschiano: "Se Deus não existe, não há verdade."

Chamo de *"niilismo"* todo discurso que pretenda derrubar ou abolir a moral, não porque ela seria relativa, o que admito de bom grado (as ciências também são relativas: não é um motivo para rejeitá-las), mas porque seria, como pretende Nietzsche, nefasta e mentirosa. É mais ou menos retomar a fórmula de Ivan Karamazov: "Se Deus não existe, tudo é permitido." Isso culmina ou se caricatura numa das palavras de ordem mais célebres, e mais tolas, de maio de 1968: "É proibido proibir." É onde se passa da liberdade à licença, da revolta à apatia, do relativismo ao niilismo. O que só pode levar à decadência ou à barbárie. Não há mais nem valor que valha nem dever que se imponha; só há o meu prazer ou a minha covardia, os interesses e as relações de força.

Essas duas tentações – sofística e niilismo – foram genialmente enunciadas por Nietzsche em várias das suas obras, principalmente nas mais tardias (é por isso que ele domina nossa pós-modernidade: ele pressentiu o abismo, deixa-se às vezes cair nele, com o brio que sabemos). Resumiu o essencial delas numa fórmula que se encontra em seus *Fragmentos póstumos*: "Nada é verdade, tudo é permitido."

A primeira proposição é logicamente ruinosa. Se nada é verdade, não é verdade que nada é verdade: a fórmula se autodestrói, mas sem se refutar (se nada é verdade, não há mais refutação possível). É o fim da razão. Não se pode mais pensar, ou antes, pode-se pensar qualquer coisa, o que dá na mesma. Tudo é possível. Tudo é igual (ao passo que o pensamento, tanto em filosofia como nas ciências, só avança chocando-se em toda parte com o impossível, que é a marca da objetividade: o fato de jamais alcançarmos uma verdade absoluta não impede que devemos refutar certo número de erros, que *não podem* ser verdade). O próprio real se torna inapreensível. "Não há fatos", escreve Nietzsche em outro fragmento póstumo, "só há interpretações." E já em *Além do bem e do mal*: "O fato de um juízo ser falso não é, a nosso ver, uma objeção contra esse juízo." Eis o que torna o nietzscheísmo irrefutável. A sofística triunfa: a verdade, para muitos dos nossos contemporâneos, nada mais é que a derradeira ilusão, de que devemos nos libertar... Nem é preciso dizer que a moral não sobreviverá a isso. Se nada é verdade, ninguém é culpado do que quer que seja, ninguém é inocente, não há mais nada a opor nem aos negativistas, nem aos mentirosos, nem aos assassinos (pois não é verdade que eles o são), nem a si mesmo. Com o que a sofística, inevitavelmente, faz a cama – confortável e mortífera – do niilismo.

A segunda proposição é perigosa sobretudo de um ponto de vista moral. Se tudo é permitido, não há mais nada a se impor a si mesmo, nem a recriminar nos outros. Em nome de que combater o horror, a violência, a injustiça? É fadar-se ao niilismo ou à apatia (o primeiro nada mais é que a forma chique da segunda) e, na prática, abandonar o terreno aos fanáticos ou aos bárbaros. Se tudo é permitido, o terrorismo também é, e a tortura, e a ditadura, e os genocídios... "O fato de um ato ser imoral não é, a nosso ver, uma objeção a esse ato", eles poderiam dizer. É tudo o que os carrascos desejam. Os covardes também. Mentir? Dizer a verdade? Fabular? Dá na mesma. Com o que o niilismo faz o jogo – logo tedioso – da sofística.

Não ignoro nem sou indiferente ao fato de que Nietzsche escapou no mais das vezes dessa dupla tentação, primeiro pelo gênio, depois pelo estetismo, isto é, pela vontade de fazer da sua vida uma obra de arte (o "grande estilo"). Mas vejo aí muito mais um impasse do que uma saída; querer fazer da vida uma obra de arte, além do narcisismo de tal propósito, é se enganar sobre a arte e mentir a si mesmo sobre a vida. Veja Oscar Wilde ou o próprio Nietzsche (que pobre vida a de Nietzsche, pensando bem, que miséria, e como ela torna suspeitas ou irrisórias as fanfarronadas de *Zaratustra*!). Mas esse é outro tema, de que não posso tratar aqui. O que eu queria salientar é, simplesmente, que a fidelidade, no sentido em que emprego a palavra, impõe rejeitar essas duas tentações, a do niilismo e a da sofística. Se não houvesse verdade, não haveria conhecimento, logo nem progresso dos conhecimentos. Se não houvesse valores, ou se eles não valessem nada, não haveria nem direitos humanos nem progresso social e político. Todo combate seria vão. Toda paz também.

A essa dupla tentação da nossa época, é urgente, principalmente para os ateus, opor uma dupla muralha: a do racionalismo (contra a sofística) e a do humanismo (contra o niilismo). Essas duas muralhas constituem, juntas, o que se chama, desde o século XVIII, de Luzes.

Não é verdade que nada é verdade. Que nenhum conhecimento é *a* verdade (absoluta, eterna, infinita), está claro. Mas ele só é um conhecimento pela parte de verdade (sempre relativa, aproximativa, histórica) que comporta, ou pela parte de erro que refuta. É por isso que o conhecimento progride. A história das ciências avança "por aprofundamentos e rasuras" (Cavaillès), "por tentativas e eliminações dos erros" (Popper), mas avança: o progresso, salienta Bachelard, é "a própria dinâmica da cultura científica [...]; a história das ciências é a história das derrotas do irracionalismo". Fidelidade à razão. Fidelidade ao espírito. Fidelidade ao conhecimento. "*Sapere aude*", como dizia Kant depois de Horácio e de Montaigne: ouse saber, ouse servir-se do seu entendimento, ouse distinguir o possivelmente verdadeiro do certamente falso!

Não é verdade que tudo é permitido, ou antes, depende de cada um de nós que não o seja. Fidelidade à humanidade e ao dever de humanidade! É o que chamo de humanismo prático, que não é uma religião, e sim uma moral. "Não há nada tão belo e legítimo quanto fazer bem e devidamente o papel de homem", dizia Montaigne. Fazer bem o papel de homem, fazer bem o papel de mulher (já que a humanidade é sexuada): é o humanismo em ato, e o contrário do niilismo. Trata-se de não ser indigno do que a humanidade fez de si mesma, nem portanto do que a civilização fez de nós. O primeiro dever, e o princípio de todos os outros, é viver e agir *humanamente.*

Para tanto, a religião não basta, nem de tanto nos dispensa. O ateísmo tampouco.

O alegre desespero

Resta a terceira questão de Kant: "*Que posso esperar?*" É nela que se joga, para o nosso tema, o essencial. Perder a fé não muda em nada o conhecimento, e muda em pouca coisa a moral. Mas muda consideravelmente a dimensão da esperança – ou do desespero – de uma existência humana.

Se você crê em Deus, o que lhe é permitido esperar? Tudo, em todo caso o essencial: o triunfo último da vida sobre a morte, da justiça sobre a injustiça, da paz sobre a guerra, do amor sobre o ódio, da felicidade sobre a infelicidade... "Uma infinidade de vida infinitamente feliz", dizia Pascal. Filosoficamente, vejo nisso muito mais uma objeção à religião. No capítulo seguinte eu me explicarei a esse respeito. Mas, subjetivamente, isso assegura à religião uma boa perspectiva: a esperança lhe dá razão, e não dá a mínima para os nossos arrazoados.

Se você não crê ou não crê mais em Deus, ao contrário, o que lhe é permitido esperar? Nada, em todo caso nada de absoluto nem de eterno, nada além do "fundo muito escuro da morte", como dizia Gide, de modo que todas as nossas esperanças, para esta vida, por mais legítimas que sejam (que haja menos guerras, menos sofrimentos, menos injustiças...), vêm se chocar contra esse nada último, que engole tudo, felicidade e infelicidade, o que é uma injustiça a mais (a de que a morte atinge igualmente o inocente e o culpado), uma infelicidade a mais ou várias (quantos lutos numa vida de homem?), que nos condenam ao trágico ou, para esquecê-lo, ao divertimento. É o mundo de Lucrécio, é o mundo de Camus, e é o nosso: a natureza é cega, nossos desejos são insaciáveis e somente a morte é imortal. Isso não nos impede de lutar pela justiça, mas nos veda acreditar plenamente nela, ou de acreditar plenamente em seu triunfo possível. Ou seja, Pascal, Kant e Kierkegaard têm razão: um ateu lúcido não pode escapar do desespero. Foi o que procurei pensar até as últimas conseqüências em meus primeiros livros, especialmente em *Tratado do desespero e da beatitude* e *Viver*. Para me afundar na infelicidade? Ao contrário! Para sair dela, para mostrar que a felicidade não é para ser esperada mas para ser vivida, aqui e agora! Isso não anula o trágico. E por que haveria de anulá-lo? É melhor aceitá-lo, e alegremente, se possível. Sabedoria trágica: sabedoria da felicidade e da finitude, da felicidade e da impermanência, da felicidade e do desespero. É menos paradoxal do que parece. Só se espera o que não se tem. Quando alguém espera ser feliz é que a felicidade está ausente. Quando ela está presente, ao contrário, o que lhe resta esperar? Que ela dure? Seria temer que ela se acabe, e eis que a felicidade já se dilui na angústia... É a cilada da esperança, com ou sem Deus: de tanto esperar a felicidade para amanhã, nós nos impedimos de vivê-la hoje.

"Como eu seria feliz se fosse feliz!", brinca Woody Allen. Mas como poderia ele ser, se não pára de esperar o vir-a-ser? Estamos todos na mesma situação. Em todo caso, é a tendência. Sempre "ansiando pelo futuro", como diz Montaigne. Sempre insatisfeitos. Sempre cheios de esperanças e de terrores. A felicidade? Seria ter o que desejamos. Mas como, se o desejo é carência? Se só desejamos o que não temos, nunca temos o que desejamos. Eis-nos separados da felicidade pela própria esperança que a persegue – separados do presente, que é tudo, pelo futuro, que não é. Pascal resumiu genialmente o essencial: "Assim, nós nunca vivemos, nós esperamos viver"; de modo que, "dispondo-nos sempre a ser felizes, é inevitável que nunca o sejamos". Eu quis escapar desse "inevitável" e pensar, para tanto, o que chamei de uma sabedoria do desespero, que prolonga, no Ocidente, a dos epicurianos e dos estóicos, mais tarde a de Espinosa, assim como, no Oriente, a do budismo ou do Samkhya ("Somente o desesperado é feliz", lemos no *Samkhya Sutra*, "porque a esperança é a maior tortura, e o desespero a maior felicidade"). Aqui também o paradoxo é tão-só aparente. O sábio só deseja o que é ou o que depende dele. Por que precisaria esperar? O louco só deseja o que não é (é o que distingue a esperança do amor) e que não depende dele (é o que distingue a esperança da vontade). Como ele poderia ser feliz? Ele não pára de esperar. Como pararia de ter medo?

"Não há esperança sem temor nem temor sem esperança", explica Espinosa. Se a serenidade é ausência de temor, o que é o sentido corrente da palavra, ela também é, portanto, ausência de esperança: eis o presente livre para a ação, o conhecimento e a alegria! Nada a ver com a passividade, a preguiça ou a resignação. Desejar o que depende de nós (querer) é proporcionar-se os meios de fazê-lo. Desejar o que não depende (esperar) é condenar-se à impotência e ao ressentimento. Isso indica suficientemente o caminho. O sábio é um homem de ação, enquanto o tolo se contenta com esperar tremendo. O sábio vive no presente: ele só deseja o que é (aceitação, amor) ou o que ele faz (vontade). É o espírito do estoicismo. É o espírito do espinosismo. É o espírito, quaisquer que sejam as doutrinas, de toda sabedoria. Não é a esperança que faz agir (quantos esperam a justiça e nada fazem por ela?), é a vontade. Não é a esperança que liberta, é a verdade. Não é a esperança que faz viver, é o amor.

É por isso que o desespero pode ser vivificante, salutar, alegre. É o contrário do niilismo, ou seu antídoto. Os niilistas não são desesperados: eles são decepcionados (ora, só se fica decepcionado em relação a uma esperança prévia), desgostosos, amargurados, cheios de rancor e de ressentimento. Eles não perdoam a vida, nem o mundo, nem a humanidade, por não corresponderem às esperanças que eles haviam nutrido. Mas de quem é a culpa, se as suas esperanças eram ilusórias? Quem não espera nada, ao contrário, como ficaria decepcionado? Quem só deseja o que é ou o que depende dele (quem se contenta com amar e querer), como ficaria desgostoso ou amargurado? O contrário do rancor é a gratidão. O contrário do ressentimento, a misericórdia. O contrário do niilismo, o amor e a coragem.

Que haja algo de desesperador na condição humana, quem pode negar? Mas não é motivo para deixar de amar a vida, muito pelo contrário! O fato de que uma viagem tem de ter fim é motivo para não realizá-la ou não aproveitá-la? O fato de que só temos uma vida é motivo para desperdiçá-la? O fato de que não há, para a paz e a justiça, nenhum triunfo garantido, nem mesmo nenhum progresso irreversível, é motivo para deixar de lutar por elas? Claro que não! São, ao contrário, motivos bastante fortes para dar à vida, à paz, à justiça – e a nossos filhos – toda a nossa atenção. A vida é tanto mais preciosa quanto é mais rara e mais frágil. A justiça e a paz, tanto mais necessárias, tanto mais urgentes, quanto que nada garante a sua vitória. A humanidade, tanto mais surpreendente quanto mais só, mais corajosa, mais amante. "Quando desaprenderes de esperar, eu te ensinarei a querer", escrevia Sêneca. Acrescentarei simplesmente, com Espinosa: e a amar.

Escrevi alguns livros sobre isso. Eu tinha a sensação, não totalmente equivocada, de estar no extremo oposto do cristianismo. "O contrário de desesperar é crer", afirmava Kierkegaard. Inverti a fórmula: "O contrário de crer é desesperar." Eu falava de *alegre desespero* (um pouco no sentido em que Nietzsche falava de uma *gaia ciência*), e continuo gostando do seu sabor amargo e tonificante.

O Reino e o amor

Minha reflexão estava nesse pé, cerca de uns quinze anos atrás. No fundo, não mudei muito, salvo num ponto: não tenho hoje tanta certeza de que a questão da esperança, por mais importante que seja, oponha em tudo religião e ateísmo.

Mais uma história. Aconteceu há alguns anos. Eu dava uma conferência numa cidade do interior sobre a idéia de espiritualidade sem Deus. Depois da conferência, várias pessoas vêm me cumprimentar. Entre elas, um senhor bastante idoso, que se apresenta a mim como padre católico (de fato, usava uma cruzinha dourada na lapela). "Vim agradecer-lhe", diz. "Gostei muito da sua conferência." Depois acrescenta: "Concordo com tudo." Agradeço a ele por minha vez, mas comento: "Mas, padre, ao dizer que está de acordo com tudo, o senhor me surpreende um pouco... Quando falo da existência de Deus ou da imortalidade da alma, em que não creio, o senhor não pode estar de acordo comigo!"

O velho padre sorri docemente e replica: "Tudo isso tem tão pouca importância!"

Tratava-se da existência de Deus e da imortalidade da alma, e ele era padre católico... Não sei o que teria pensado o bispo da sua diocese, que talvez houvesse achado aquelas palavras de uma ortodoxia – ou de uma catolicidade – duvidosa... Imagino o que pensarão disso muitos fundamentalistas, sejam eles cristãos ou muçulmanos: verão aí a mão do diabo ou do relativismo. Azar o deles. O que sei, no que me diz respeito, é que achei aquelas palavras verdadeiramente evangélicas. Que Jesus acreditasse em Deus e na ressurreição, é mais que verossímil. Que judeu, naquela época, não acreditava? Mas o que retive da leitura dos Evangelhos é menos o que eles dizem sobre Deus ou sobre uma eventual vida após a morte (aliás, eles não dizem grande coisa a esse respeito) do que o que dizem sobre o homem e sobre esta vida. Lembrem-se do Bom Samaritano... Não é judeu. Não é cristão. Não sabemos nada da sua eventual fé, nem da sua relação com a morte. Simplesmente, ele é o próximo do seu próximo: dá prova de compaixão ou de caridade. E é ele, não um sacerdote ou um levita, que Jesus aponta expressamente como modelo. Retenho daí que o que constitui o valor de uma vida humana não é o fato de a pessoa em questão acreditar ou não em Deus ou numa vida após a morte. Em se tratando dessas duas questões, a única verdade, voltarei a esse ponto, é que não sabemos nada a esse respeito. Crentes e não crentes, estamos separados aqui apenas pelo que ignoramos. Isso não anula nossas discordâncias, mas relativiza seu alcance. Seria loucura dar mais importância ao que ignoramos, ao que nos separa, do que ao que sabemos tão bem, por experiência e de coração, e que nos aproxima: o que constitui o valor de uma vida humana não é a fé, não é a esperança, é a quantidade de amor, de compaixão e de justiça de que somos capazes!

Lembrem-se do hino à caridade, na Primeira Epístola aos Coríntios. É aquele belo texto em que são Paulo evoca o que mais tarde vai ser chamado de as três virtudes teologais: a fé, a esperança, a caridade (ou o amor: *agápe*). A maior das três, explica são Paulo, é a caridade. Posso ter o dom das línguas, o dom das profecias, uma fé de mover montanhas, mas, se não tenho o amor, não sou nada. E são Paulo acrescenta, em substância: todo o resto passará, só "a caridade não passará". Somos muitos os que leram ou ouviram esse texto dezenas de vezes, sem nos perguntar o que isso queria dizer... Ainda bem que há grandes espíritos para nos estimular a refletir. Santo Agostinho, relendo esse texto, se interroga. Quer ele dizer que a fé passará? Que a esperança passará? Santo Agostinho responde pelo menos duas vezes a essas duas questões (no *Sermão 158* e em seus *Solilóquios*, I, 7) com a afirmativa.

A fé passará: no Reino, no Paraíso, não haverá mais por que acreditar em Deus, já que *estaremos* em Deus, já que O conheceremos, já que O veremos, como dizia são Paulo, face a face... "Não será mais a fé, mas a visão", escreve santo Agostinho. O amor será ainda mais intenso com isso: "Se amamos agora, quando cremos sem ver, como não amaremos então, quando veremos e possuiremos?"

A esperança passará: no paraíso, por definição, os bem-aventurados não têm mais nada a esperar. O que hoje esperamos (que Deus seja "tudo em todos"), então "possuiremos, e não será mais uma esperança, mas a realidade". O amor subsistirá mesmo assim, ou antes, subsistirá ainda melhor assim: "A caridade, então, será perfeita."

No Reino, a fé e a esperança estão, pois, destinadas a desaparecer: "Como a fé seria necessária, se a alma verá? ou a esperança, se ela possuirá?" São virtudes provisórias, que só têm sentido nesta vida. "Depois desta vida", acrescenta santo Agostinho, "quando a alma estiver completamente recolhida em Deus, somente a caridade permanecerá para mantê-la nele." E explica: "Não se poderá dizer que ela tem fé, que ela crê nessas verdades, já que nenhum testemunho enganador tentará afastá-la delas; e ela não terá mais nada a esperar, já que possuirá todos os bens com segurança." A conclusão surge naturalmente, e santo Agostinho a enuncia com tranqüilidade: "As três virtudes – fé, esperança e caridade – são, todas elas, necessárias nesta vida; mas, depois desta vida, a caridade basta."

São Paulo tem razão. No Reino não haverá mais fé, não haverá mais esperança: só haverá a caridade, só haverá o amor!

Do ponto de vista do ateu fiel que procuro ser, acrescentarei simplesmente: já estamos nele. Para que sonhar com um paraíso? O Reino é aqui e agora. Cabe-nos habitar este espaço ao mesmo tempo material e espiritual (o mundo, nós mesmos: o presente), onde nada é para crer, já que tudo é para conhecer, onde nada é para esperar, já que tudo é para fazer ou para amar – *para fazer*, no que depende de nós; *para amar*, no que não depende.

Entendam-me bem. Não pretendo fazer de santo Agostinho o ateu que eu sou e que ele com toda certeza não era! Quero simplesmente sugerir que, para os crentes que pensam que já estamos, pelo menos em parte, no Reino, esse Reino, por definição, nos é comum; e que, por conseguinte, só estamos separados, eles e eu, pela esperança e pela fé, mas não pelo amor nem pelo conhecimento.

A questão de saber se esse Reino continua ou não depois da morte, à parte o fato de que nenhum saber pode responder a ela, torna-se portanto algo irrisória ou anedótica. Ela só tem importância, diria eu inclusive, à proporção do interesse narcísico que temos por nós mesmos – a tal ponto que eu mediria o grau de elevação espiritual de um indivíduo pela maior ou menor indiferença em que a questão da sua imortalidade o deixa. Se já estamos no Reino, já estamos salvos. O que é que a morte poderia nos tirar? O que é que a imortalidade poderia nos dar?

O mais surpreendente é que Tomás de Aquino, quando retoma a questão, quase nove séculos depois, vai mais longe ainda. Os textos essenciais estão na *Suma teológica* (I-II, 65, 5 e II-II, 18, 2). O doutor angélico diz aí a mesma coisa que santo Agostinho: no Reino, não haverá mais nem fé nem esperança ("nem uma nem outra podem existir entre os bem-aventurados"); só haverá a caridade, só haverá o amor. Mas ele acrescenta uma frase surpreendente, que nunca li em santo Agostinho, nem em nenhum outro lugar, e que, devo dizer, quando a descobri, me abalou muito. São Tomás escreve tranqüilamente: *"Houve em Cristo uma caridade perfeita; não houve porém nem fé nem esperança."*

Entendo que, se, para Tomás de Aquino, Cristo não tinha nem fé nem esperança, era porque Cristo era Deus e porque Deus não tem de crer em Deus, já que ele se conhece, nem esperar o que quer que seja, pois ele é ao mesmo tempo onisciente e onipotente (só se espera o que se ignora ou o que não se tem certeza de conseguir). É o que indica claramente a continuação do texto: "Cristo não teve fé nem esperança porque há imperfeição nelas. Mas, em lugar da fé, ele teve a visão a descoberto; e, em lugar da esperança, a plena compreensão. E é assim que a caridade foi perfeita nele."

O fato é que, do ponto de vista de um ateu fiel como procuro ser, isso dá um sentido singular, e singularmente forte, ao que um livro famoso chamava, era seu título, *A imi-*

tação de Cristo. Se Jesus, conforme o próprio são Tomás confessava, nunca teve nem fé nem esperança, ser fiel a Jesus – e procurar, com nossos meios, seguir seu exemplo – não é imitar sua fé, não é imitar sua esperança; é, eventualmente, imitar sua visão e sua compreensão, na medida em que sejamos capazes (é o caso da fé e da esperança, para os cristãos, ou da filosofia, para Espinosa); é, em todo caso, imitar seu amor (é o caso da ética evangélica ou, é a mesma, espinosista).

Sei que é possível interpretar os Evangelhos de outro modo e, inclusive, para a maioria dos cristãos, que se deve interpretá-los de outro modo. Aliás, concordo com isso: se Jesus era um homem, devia compartilhar também nossa ignorância, nossa finitude, nossa inquietude, logo a fé e a esperança que as acompanham (no caso, as dos judeus piedosos, dos quais ele era um). Ele conheceu a tristeza e a angústia (por exemplo, em Getsêmani: "Minha alma está cheia de tristeza até a morte..."). Como não teria conhecido também a esperança? Mas meu propósito aqui não é a exegese. O que me toca e me esclarece, na fórmula de são Tomás, como já em santo Agostinho e em são Paulo, é que o amor é mais elevado – sim: ao mesmo tempo mais divino e mais humano – do que a fé e a esperança. Enfim, não pretendo de forma alguma anular o que separa os que crêem no Céu, como dizia Aragon, dos que não crêem. Procuro simplesmente encontrar entre eles um ponto de tangência ou de interseção, compreender o que pode aproximá-los, em que eles podem se encontrar e, às vezes, tentar comungar.

É fidelidade ainda, porém mais ao que nos une do que ao que nos separa: fidelidade ao que a humanidade produziu de melhor. Quem não vê que os Evangelhos fazem parte disso? Eu diria a mesma coisa, é verdade, da tradição socrática, na Grécia, assim como de Buda, na Índia, ou de Lao-tsé e Confúcio, na China. E daí? Por que escolher, quando se trata de ápices? Por que excluir, quando se trata de fontes? O espírito não tem pátria. A humanidade tampouco. Intelectualmente, costumo me sentir mais próximo do budismo ou do taoísmo – e mais ainda do Chan*, que realiza como que uma síntese dos dois – do que do cristianismo (quando mais não fosse porque não há Deus em nenhuma dessas três espiritualidades orientais, o que, para um ateu, é bem mais cômodo, no fim das contas). Buda ou Lao-tsé me convencem mais do que Moisés ou são Paulo. Nagarjuna ou Dogen, mais do que Mestre Eckhart ou Francisco de Assis. Mas, afinal, não vou fundar nenhum *ashram*** na Auvergne, nem crer na reencarnação, nem me pôr a soletrar o *Tao-te-king*... A proximidade intelectual não é tudo. Há também a longa imersão numa sociedade, desde a infância, a interiorização da língua materna (e das estruturas mentais que a acompanham), os hábitos, as tradições, os mitos, a sensibilidade, a afetividade... A história conta pelo menos tanto quanto a inteligência. A geografia, mais do que os genes. Somos do Ocidente. É uma forte razão para não esquecer os horrores de que nossa civilização se fez culpada (a Inquisição, o escravagismo, o colonialismo, o totalitarismo...), mas também para preservar o que ela trouxe de precioso e, às vezes, de insubstituível. Há ateus no mundo inteiro. Mas ser ateu no Ocidente não pode ser a mesma coisa que ser ateu na Ásia ou na África. Desconfio do exotismo, do turismo espiritual, do sincretismo, do confucio-

---

* Zen, para os japoneses. (N. do T.)
** Comunidade hinduísta, reunida em torno de um guru. (N. do T.)

nismo *new age* ou orientalizante. Prefiro aprofundar a tradição que é nossa – a de Sócrates, a de Jesus, também a de Epicuro e de Espinosa, de Montaigne e de Kant –, e ver, já que esse é o meu caminho, aonde ela pode levar um ateu.

É o que me autoriza a me dirigir mais particularmente aos cristãos (é minha família, já que ela era cristã, é minha história, já que ela continua), para lhes dizer o seguinte: só me sinto separado de vocês por três dias – os três dias que vão, segundo a tradição, da Sexta-Feira Santa à Páscoa. Para o ateu fiel que procuro ser (ser ateu é fácil, ser fiel é outra coisa), grande parte dos Evangelhos continua a valer. No limite, quase tudo me parece verdadeiro neles, salvo Deus. Digo "no limite", porque não sou propenso, quando me agridem, a oferecer a outra face. Digo "quase", porque não sou fã de milagres. Mas, enfim, a não-violência é tão-só uma parte da mensagem evangélica, que seria preciso relativizar com outras. E qual de nós se interessa pelos Evangelhos por causa dos milagres? Lembro-me do que me disse um dia meu mestre e amigo Marcel Conche. Ele acha que dou demasiada importância à tradição evangélica, que ele considera pouco racional. Ele prefere os gregos. Prefere a filosofia. E me objeta: "Afinal, se o seu Jesus teve de andar sobre as águas, é porque devia ter uns argumentos bem fracos!" Isso me fez rir por muito tempo e me parece correto, mas sem atingir o essencial. Eu prescindiria de muito bom grado dos milagres, é claro que não acredito neles, e aliás muitos cristãos pensam como eu que eles não são o que há de importante nos Evangelhos. Jesus é bem diferente de um faquir ou de um mágico. O amor, não os milagres, é que constitui o essencial da sua mensagem.

É por isso mesmo que sua vida, tal como nos é contada, me comove e me esclarece. O recém-nascido que é dado à luz num estábulo, a criança perseguida, o adolescente que dialoga com os eruditos, o mesmo, mais tarde, face a face com os mercadores do Templo, a primazia do amor, a que se resumem "toda a Lei e os Profetas", o sabá que é feito para o homem e não o homem para o sabá, a aceitação ou a antecipação da laicidade ("Dai a César o que é de César..."), o senso do universal humano ("Quando o fizestes a um destes meus pequeninos irmãos, a mim o fizestes"), a abertura para o presente ("Não vos inquieteis, pois, pelo dia de amanhã, porque o dia de amanhã cuidará de si mesmo"), a liberdade de espírito ("a verdade vos libertará"), a parábola do Bom Samaritano, a do jovem rico, a do filho pródigo, o episódio da mulher adúltera, a acolhida aos banidos e às prostitutas, o sermão da montanha ("bem-aventurados os mansos, bem-aventurados os que têm fome e sede de justiça, bem-aventurados os pacificadores..."), a solidão (por exemplo, no Monte das Oliveiras), a coragem, a humilhação, a crucificação... Ficaria comovido com bem menos. Digamos que eu forjei, para mim, uma espécie de Cristo interior, "manso e limpo de coração", sim, mas puramente humano, que me acompanha ou me guia. Que ele seja tomado por Deus, é algo em que não posso acreditar. Sua vida e sua mensagem nem por isso me comovem menos. Mas a história, para mim, pára no Calvário, quando Jesus, na cruz, citando o salmista, geme: "Deus meu, Deus meu, por que me desamparaste?" Aqui ele é verdadeiramente nosso irmão, pois compartilha a nossa aflição, a nossa angústia, o nosso sofrimento, a nossa solidão, o nosso desespero.

A diferença, que não quero escamotear, é que, para os crentes, a história continua por mais três dias. Sei que esses três dias se abrem para a eternidade, pela Ressurreição, o que faz uma grande diferença, que não se trata de anular. Mas, dito isso, seria razoável dar mais importância a esses três dias, que nos separam, do que aos trinta e três anos que precedem e que, pelo menos em seu conteúdo humano, nos reúnem?

Se Jesus não houvesse ressuscitado, porventura isso daria razão aos seus carrascos? Isso condenaria sua mensagem de amor e de justiça? Claro que não. Assim, o essencial está salvo, e o essencial não é a salvação, mas "a verdade e a vida".

Há uma vida depois da morte? Não podemos saber. Os cristãos acreditam que sim, pelo menos no mais das vezes. Eu não. Mas há uma vida *antes* da morte, e isso pelo menos nos aproxima!

Resumindo. Pode-se viver sem religião; mas não sem comunhão, nem sem fidelidade, sem amor. O que nos une, aqui, é mais importante do que o que nos separa. Paz para todos, crentes e não crentes. A vida é mais preciosa que a religião (é o que tira a razão dos inquisidores e dos carrascos); a comunhão, mais preciosa que as Igrejas (é o que tira a razão dos sectários); a fidelidade, mais preciosa que a fé ou que o ateísmo (é o que tira a razão tanto dos niilistas quanto dos fanáticos); enfim – é o que dá razão às pessoas de bem, crentes ou não – o amor é mais precioso do que a esperança ou do que o desespero.

Não esperemos ser salvos para ser humanos.

II
Deus existe?

Vamos ao mais difícil, ou ao mais incerto. Duas questões, a propósito de Deus, se impõem de saída: a da sua definição; a da sua existência. Nenhuma ciência responde a elas, e nunca responderá. Não é um motivo para renunciar a refletir sobre elas. Nenhuma ciência nos diz tampouco como viver, nem como morrer. Não é um motivo para viver ou morrer de qualquer jeito.

Uma definição prévia

O que é Deus? Ninguém sabe: ele é tido como inapreensível, inefável, incompreensível. Essa dificuldade, no entanto, não é impeditiva. Na falta de saber o que é Deus, podemos esclarecer o que entendemos pela palavra que nos serve para designá-lo. Na falta de dar uma definição *real*, como diziam os escolásticos, podemos e devemos dar uma definição *nominal*. Não passa de um ponto de partida, mas é indispensável. Como poderíamos, sem essa definição prévia, responder à questão da sua existência ou até formulá-la seriamente? Como poderíamos debatê-la?

"Professor, o senhor acredita em Deus?" A essa pergunta, feita por um jornalista, Einstein respondeu simplesmente: "Diga-me primeiro o que o senhor entende por Deus; depois eu direi se acredito ou não." É o procedimento correto: uma definição nominal é necessária, tanto para os crentes como para os ateus (uns e outros têm de saber do que falam e o que os opõe, em que acreditam ou não acreditam), e, pelo menos a título provisório, ela é suficiente.

Inscrevendo-me, como anotei no início desta obra, num universo monoteísta, especialmente no campo da filosofia ocidental, proponho a seguinte definição, nada original (se fosse, seria ruim), que não tem outra ambição além de nos pôr de acordo pelo menos sobre o objeto do debate: *Entendo por "Deus" um ser eterno, espiritual e transcendente (ao mesmo tempo exterior e superior à natureza), que teria criado consciente e voluntariamente o universo. Supõe-se que ele seja perfeito e bem-aventurado, onisciente e onipotente. É o Ser supremo, criador e incriado (ele é causa de si), infinitamente bom e justo, de que tudo depende e que não depende de nada. É o absoluto em ato e em pessoa.*

Essa definição nominal dá um sentido menos vago à nossa segunda questão, a da existência de Deus, da qual nos ocuparemos muito mais. A essa questão, repitamos, nenhuma ciência responde, nem mesmo, a rigor, nenhum saber (se entendermos por *saber*, como convém, o resultado comunicável e controlável de uma demonstração ou de uma experiência). Deus existe? Não sabemos. Nunca saberemos, pelo menos nesta vida. É por isso que se coloca a questão de acreditar nele ou não. Quanto a mim, não acredito: sou ateu. Por quê? É o que gostaria de explicar nas páginas que se seguem.

Ateísmo ou agnosticismo

Não tenho provas. Ninguém tem. Mas tenho um certo número de razões ou de argumentos, que me parecem mais fortes do que os que vão no sentido contrário. Digamos que sou um ateu não dogmático: não pretendo *saber* que Deus não existe; *creio* que ele não existe.

"Nesse caso", objetam-me às vezes, "você não é ateu; você é agnóstico." Isso justifica algumas palavras de explicação. O agnóstico e o ateu têm em comum, com efeito, o fato de não acreditarem em Deus – por isso é tão freqüente confundi-los. Mas o ateu vai mais longe: ele acredita que Deus não existe. O agnóstico, por sua vez, não acredita em nada: nem que Deus existe, nem que Deus não existe. É como um ateísmo negativo ou por falta de provas. Ele não nega a existência de Deus (como faz o ateu), mas deixa a questão em suspenso.

A etimologia aqui pode ser enganadora. *Ágnostos*, em grego, é o desconhecido ou o inconhecível. Conclui-se com freqüência que o agnóstico seria aquele que, sobre a questão de Deus ou do absoluto, reconhece a sua ignorância. Mas quem a nega? Se tivéssemos de aceitar essa definição, seríamos todos agnósticos, salvo cegueira particular, e o agnosticismo perderia em compreensão o que ganharia em extensão: seria menos uma posição particular do que uma característica geral da condição humana. Nada disso. Ninguém *sabe*, no sentido forte e verdadeiro da palavra, se Deus existe ou não. Mas o crente afirma essa existência (é o que se chama de profissão de fé); o ateu a nega; o agnóstico não a afirma nem a nega: ele se recusa a dar uma resposta terminante ou se reconhece incapaz de dá-la.

A diferença entre o agnóstico e o ateu não é portanto a presença ou não de um suposto saber. Felizmente para os ateus! Se você topar com alguém que lhe diga "eu sei que Deus não existe", não é um ateu, é um imbecil. E, igualmente, do meu ponto de vista, se você encontrar alguém que lhe diga "eu sei que Deus existe". É um imbecil que confunde a sua fé com um saber.

"Nesse caso", respondeu-me um amigo, "sou um imbecil: estou convencido de que Deus não existe." É confundir convicção e saber. A diferença entre os dois? Mais ou menos a que Kant estabelece na *Crítica da razão pura*. Ele distingue três graus de crença ou de assentimento: a *opinião*, que tem consciência de ser insuficiente, tanto objetiva quanto subjetivamente; a *fé*, que só é suficiente subjetivamente, mas não objetivamente; enfim, o *saber*, que é suficiente tanto subjetiva quanto objetivamente. Vocabulário à parte (em se tratando de ateus, prefiro falar de *convicção*, como às vezes o próprio Kant faz, em vez de *fé*, pois esta última palavra pertence bem especificamente ao vocabulário religioso), essa distinção me parece esclarecedora. O ateísmo do meu amigo é uma convicção, o meu seria antes uma opinião, do mesmo modo que há crentes convictos (eles têm a fé) e outros, menos seguros de si ou de Deus, que se contentam com ter opiniões religiosas. Mas quem, dentre as pessoas inteligentes e lúcidas, pretenderia ter, sobre a existência de Deus, um *saber*, em outras palavras, uma crença subjetiva *e objetivamente* suficiente? Se assim fosse, ele deveria ser capaz de nos convencer (é a característica do saber: pode ser transmitido a qualquer indivíduo normalmente inteligente e culto), e o ateísmo teria desaparecido desde há muito. O mínimo que se pode dizer é que não é bem assim.

"Ainda haverá ateus daqui a 50 anos?", me pergunta um jornalista. Claro que sim. O fato de me fazerem essa pergunta, no entanto, é revelador de uma mudança de clima: na minha juventude, nos perguntávamos, em vez disso, se ainda haveria crentes no século XXI... O retorno do religioso, ainda que desigualmente repartido no planeta, faz parte dos fenômenos marcantes da nossa época. Isso não prova evidentemente nada, a não ser que a questão, desde há pelo menos três milênios, permanece em aberto. Não há razão para que isso se altere. Para além das modas e dos movimentos de opinião, tudo dá a entender que religião e irreligião estão chamadas a coexistir na longa duração. Por que se espantar com isso? Esse fato só pode incomodar os sectários ou os fanáticos. Muitos dos nossos maiores intelectuais são ateus, inclusive nos Estados Unidos, muitos são crentes, inclusive na Europa. Isso confirma que nenhum saber – hoje tanto quanto ontem – pode decidir quem tem razão. Isso dá razão aos espíritos tolerantes e abertos, muito mais que aos agnósticos. A verdade é que ninguém *sabe* se Deus existe e que muita gente, tanto entre os crentes como entre os ateus, está disposta a reconhecer essa ignorância insuperável, que é a sina da humanidade e que constitui o charme sutil, às vezes inebriante, da metafísica. Se você não gosta, não faça os outros desgostarem.

Algumas pessoas, dentre os crentes, me objetarão que não são ignorantes: Deus lhes deu, de uma vez por todas, a verdade. Para que necessitam de provas, de argumentos, de razões? A Revelação lhes basta. E lançam-se de corpo e alma no Livro, que aprendem de cor ou comentam interminavelmente... O que responder a eles, senão que uma revelação só vale para quem nela crê e, portanto, não poderia fundar a fé que a valida sem cair num círculo vicioso. E, além do mais, que revelação? A Bíblia? Com ou sem o Novo Testamento? O Corão? Os Vedas? O Avesta? Por que não as sensaborias dos raelianos? São incontáveis as religiões. Como escolher? Como conciliá-las? Seus discípulos se opõem há séculos, inclusive quando reivindicam a mesma revelação (os católicos contra os ortodoxos, depois contra os cátaros ou os protestantes, os xiitas contra os sunitas...). Quantos mortos em nome de um mesmo Livro! Quantos massacres em nome de um mesmo Deus! É uma prova suficiente da ignorância em que todos se encontram. Ninguém se mata por causa da matemática, nem de nenhuma ciência, nem mesmo por causa de uma verdade de fato, quando ela é bem estabelecida. As pessoas só se matam pelo que ignoram ou pelo que são incapazes de provar. As guerras de religião constituem, por isso, um formidável argumento contra todo dogmatismo religioso. Elas mostram não apenas os perigos que este acarreta, com tanto ódio e tantas atrocidades, mas também sua fraqueza: se uma dessas religiões tivesse alguma prova a apresentar, não necessitaria de exterminar os outros. "É dar às suas conjecturas um valor bem elevado, assar um homem vivo por causa delas", dizia Montaigne. Mas ninguém acenderia fogueiras por uma verdade que poderia demonstrar. Com o que toda Inquisição, toda Cruzada, todo Jihad dão razão, não obstante o que pensem seus partidários, à própria dúvida que eles combatem. Isso confirma, pelo horror, que, em se tratando de Deus, ninguém dispõe de um saber verdadeiro. É o que nos fada às guerras de religião ou à tolerância, conforme prevaleça a paixão ou a lucidez.

 Não é esse um motivo para não se pronunciar. A tolerância não exclui a reflexão. A incerteza não impede a opção (ao contrário: a rigor, só há opção onde há incerteza).

Filosofar é pensar mais longe do que se sabe. Fazer metafísica é pensar tão longe quanto se pode. É aqui que encontramos a questão de Deus, e a possibilidade, para cada um, de tentar responder a ela.

O agnóstico, dizia eu, não é apenas quem reconhece não saber o que é o absoluto (muitos crentes e ateus também assim reconhecem); é aquele que se atém a essa confissão de ignorância, que se recusa a ir mais longe, que não quer se pronunciar sobre o que ele ignora, enfim que defende uma espécie de neutralidade, de ceticismo ou de indiferença em matéria de religião. Já era essa a posição de Protágoras, e ela é certamente respeitável: "Sobre os deuses, não posso dizer nada, nem se existem, nem se não existem, nem o que são. Muitas coisas impedem de sabê-lo: primeiro a obscuridade da questão, depois a brevidade da vida humana." Digamos que o agnóstico marca a opção "sem opinião" na grande pesquisa metafísica. Não é o meu caso! Eu reconheço de muito bom grado minha ignorância, que é a ignorância de todo ser humano; mas, tanto quanto os crentes, nem por isso renuncio a me pronunciar, a optar, a "apostar", como diria Pascal, e você verá que minha aposta não é a dele. Não sou nem neutro nem indiferente. Cético? Em parte. Digamos que reconheço não ter provas. Eu já disse: sou um ateu não dogmático. Mas isso não impede nem as convicções nem as crenças.

"Quando alguém crê possuir a verdade", dizia Lequier, "deve saber que crê, e não crer que sabe." É o que procuro fazer, especialmente em matéria de religião. Não *sei* se Deus existe, mas sei que *creio* que ele não existe. O ateísmo é uma crença negativa *(â-theos,* em grego, significa "sem Deus"), mas mesmo assim é uma crença – menos que um saber, portanto, porém mais que a simples confissão de uma ignorância ou que a recusa prudente ou confortável de se pronunciar. É por isso que sou ateu, insisto, e não agnóstico. "Estamos irremediavelmente envolvidos", como diria também Pascal: a questão de Deus nos é posta – por nossa finitude, por nossa angústia, por nossa história, por nossa civilização, por nossa inteligência, mesmo por nossa ignorância. Não posso nem pretender que ela não me interessa, nem fingir não ter nenhuma opinião quanto à sua resposta. Um ateu não dogmático não é menos ateu do que outro qualquer. É simplesmente mais lúcido.

Periculosidade da religião ou do fanatismo?

Por que não creio em Deus? Por múltiplas razões, todas as quais não são racionais. A sensibilidade também conta nesses domínios (sim, há uma sensibilidade metafísica), e a biografia, e o imaginário, e a cultura, talvez também a graça, para os que nela crêem, ou o inconsciente. Quem pode dizer o peso da família, dos amigos, da época? Como este é um livro de filosofia, e não uma autobiografia, desculpem-me se me atenho aos argumentos racionais. Eles poderiam ser numerosos: vinte e cinco séculos de filosofia acumularam, nos dois campos, um argumentário praticamente inesgotável. Como não tenho pretensões de historiador, nem é minha intenção escrever um calhamaço, vou me ater aqui a seis argumentos principais, que me parecem ser os mais fortes ou que, pessoalmente, me convencem mais.

Deixo de lado, deliberadamente, todas as recriminações que se podem fazer às religiões ou às Igrejas, decerto sempre imperfeitas, decerto muitas vezes detestáveis, às vezes criminosas, mas cujos erros não tocam o cerne da questão. A Inquisição ou o terrorismo islâmico, para tomar esses dois exemplos, ilustram claramente a periculosidade das religiões, mas não dizem nada sobre a existência de Deus. Toda religião, por definição, é humana. O fato de todas terem sangue nas mãos poderia tornar alguém misantropo, mas não bastaria para justificar o ateísmo – o qual, historicamente, tampouco está isento de recriminações, especialmente no século XX, nem de crimes.

Não é a fé que leva aos massacres. É o fanatismo, seja ele religioso ou político. É a intolerância. É o ódio. Pode ser perigoso crer em Deus. Vejam a noite de são Bartolomeu, as Cruzadas, as guerras de religião, o jihad, os atentados de 11 de setembro de 2001... Pode ser perigoso não crer. Vejam Stálin, Mao Tsé-tung ou Pol Pot... Quem vai calcular os mortos, de um lado e de outro, e o que eles poderiam significar? O horror é incalculável, com ou sem Deus. Isso nos ensina mais sobre a humanidade, infelizmente, do que sobre a religião.

E há também, entre os crentes, pelo menos tanto quanto entre os não crentes, heróis admiráveis, artistas ou pensadores geniais, seres humanos notáveis. Seria traí-los condenar em bloco o que acreditaram. Tenho demasiada admiração por Pascal e Leibniz, Bach e Tolstói – para não falar em Gandhi, Etty Hillesum ou Martin Luther King – para desprezar a fé que eles tinham. E afeto demais por muitos crentes, entre os meus próximos, para querer magoá-los no que quer que seja. A divergência, entre amigos, pode ser sadia, estimulante, alegre. A condescendência e o desprezo, não.

À parte isso, não tenho muito gosto pelos panfletos e pelas polêmicas. É a verdade que importa, não a vitória. E é Deus, neste capítulo, que me interessa, não seus acólitos ou zeladores. Passemos portanto a ele, ou melhor, às minhas razões de não crer nele.

FRAQUEZA DAS "PROVAS"

Meus três primeiros argumentos serão principalmente negativos (são menos razões para ser ateu do que razões para não ser crente).

O primeiro, temos de começar por aí, é a fraqueza dos argumentos opostos, em particular das pretensas "provas" da existência de Deus. Não quero me deter nesse ponto (faz muito tempo que os filósofos, inclusive os crentes, renunciaram a provar Deus), mas não posso me calar inteiramente sobre elas. Há pelo menos que evocar, brevemente embora, as três principais, as que foram mais retidas pela tradição: a prova ontológica, a prova cosmológica, a prova físico-teológica.

A prova ontológica

A primeira é a mais desconcertante. Sua paternidade costuma ser atribuída a santo Anselmo, no século XI, mas pode ser encontrada, embora de formas diferentes, em Descartes, Espinosa, Leibniz ou Hegel. De que se trata? De mostrar que Deus existe por definição – que a essência e a existência, nele, são indissociáveis! Como? Por um puro exercício (ou artifício?) lógico, que não toma nada da experiência (é por isso que esse argumento às vezes é chamado de "prova *a priori*"). A trama é estranhamente simples. Você começa, bem classicamente, por definir Deus como o ser supremo (santo Anselmo: "um ser tal que nada maior pode ser pensado"), como o ser soberanamente perfeito (Descartes, Leibniz) ou absolutamente infinito (Espinosa, Hegel). Definição tradicional, quase banal, mas cujas conseqüências, segundo os partidários da prova ontológica, se mostram decisivas. De fato, se Deus não existisse, não seria nem o maior nem realmente infinito, e faltaria alguma coisa, é o mínimo que se pode dizer, à sua perfeição – o que é contrário à sua definição. Logo, Deus existe por definição ou, pretende-se que dê na mesma, por essência: pensar Deus (concebê-lo como supremo, perfeito, infinito...) é pensá-lo existente. Os ateus? Pensam mal, ou não sabem o que pensam. Conceber "um Deus sem existência", explica doutamente Descartes, é contradizer-se: seria conceber "um ser soberanamente perfeito sem uma soberana perfeição". Daí decorre que "a existência é inseparável de Deus e, portanto, que ele existe verdadeiramente". O conceito de Deus, escreverá Hegel mais tarde, "inclui em si o ser": Deus é o único ser que existe *por essência.*

Prova surpreendente, fascinante, exasperante. Não sei se ela convenceu alguém algum dia (Anselmo, arcebispo de Cantuária, era crente bem antes de inventá-la). Em todo caso, ela não convenceu nem frei Gaunilon, contemporâneo de Anselmo e beneditino como ele, nem santo Tomás de Aquino: os dois farão uma crítica aprofundada dela. Tampouco convencerá Pascal, Gassendi, Hume e Kant – sem falar de Diderot, Nietzsche, Frege ou Russell! Curiosa prova, que só convence... os convictos! Aliás, como uma definição poderia provar uma existência? É o mesmo que pretender enriquecer definindo a riqueza... Já era, mais ou menos, a objeção de Gaunilon. Será a objeção de Kant, e ela é decisiva. O ser não é nem uma perfeição suplementar, apesar de Descartes, nem um predicado real: ele não acrescenta nada ao conceito nem pode ser deduzido deste. É por isso que é sempre ilegítimo passar do conceito à existência: em mil euros reais, explica aproximadamente Kant, não há nada mais do que em mil euros possíveis (o conceito, em ambos os casos, é o mesmo); mas sou mais rico com mil euros reais "do que com seu simples conceito ou sua possibilidade". Mesma coisa em se tratando de Deus: seu conceito permanece o mesmo, quer Deus exista, quer não, e portanto não poderia provar que ele existe. Em suma, essa "prova" não é uma prova. E, mostra Kant, como todas as outras se resumem a ela (pois sempre supõem que se possa passar do conceito à existência), não há prova da existência de Deus. Sua existência pode ser postulada, mas não pode ser demonstrada; ela é objeto de fé, não de saber. Era portanto dar razão a Pascal contra Descartes, ou a Hume contra santo Anselmo. A prova *a priori* não se recuperará desses golpes. De nada adiantarão os esforços de Hegel: o argumento ontológico ficou para trás, em vez de estar à frente. Se ele ainda brilha, a ponto de às vezes ofuscar, é como um monumento do espírito humano, muito mais do que como uma prova da existência de Deus. Aliás, mesmo que um argumento provasse, como Hegel queria, a existência de um ser absoluto infinito, o que nos provaria que esse ser fosse um Deus? Poderia ser muito bem a Natureza, como queria Espinosa, ou seja, um ser certamente infinito, mas imanente e impessoal, sem vontade, sem finalidade, sem providência, sem amor... Duvido que isso satisfaça aos crentes.

A prova cosmológica

Levantarei a mesma objeção contra a *prova cosmológica*, ou prova *a contingentia mundi* (pela contingência do mundo). Mas apresentemo-la sucintamente, tal como a encontramos, por exemplo, em Leibniz, que sem dúvida dela nos dá a exposição mais densa e mais forte. Ela não é mais *a priori*, e sim *a posteriori*. Parte de um fato da experiência, que é a existência do mundo. Esse fato, como todos os fatos, deve poder ser explicado (em virtude do que Leibniz chama de princípio da razão suficiente: nada existe ou é verdadeiro sem causa ou sem razão). Ora, o mundo é incapaz de explicar a si mesmo: ele não é necessário mas contingente (poderia não existir). Logo, tem de haver uma causa ou uma "razão suficiente" que não ele mesmo. Mas qual? Se essa causa fosse, ela própria, uma coisa contingente, seria necessário por sua vez explicá-la por outra, que deveria por sua vez ser explicada por uma terceira, e assim indefinidamente, o que deixaria inexplicada a série inteira das coisas contingentes – logo, a existência do mundo. Para satisfazer o princípio de razão suficiente, há que parar em algum lugar, como já dizia Aristóteles. Não há opção: só podemos escapar da regressão até o infinito supondo, como razão suficiente do mundo, um ser que não necessite de outra razão, em outras palavras, um ser absolutamente necessário (que não pode não existir), o qual traz, como diz Leibniz, "a razão da sua existência consigo". Resumindo, só se pode explicar o conjunto das coisas contingentes (o mundo) por um ser absolutamente necessário, exterior a esse conjunto: é "esta última razão das coisas" que chamamos de Deus.

Das três "provas" clássicas da existência de Deus, é a única que me parece forte, a única que, às vezes, me faz hesitar ou vacilar. Por quê? Porque a contingência é um abismo em que a razão se perde. Uma vertigem, porém, não constitui uma prova. Por que a razão – nossa razão – não se perderia no universo, se ele é grande demais para ela, profundo demais, complexo demais, obscuro ou luminoso demais? O que nos prova, inclusive, que nossa razão não desarrazoa? Somente um Deus poderia garanti-lo, e é isso que impede nossa razão de provar sua existência (haveria um círculo vicioso, como em Descartes: a razão prova a existência de Deus, que garante a veracidade da nossa razão). "À glória do pirronismo", diria Pascal. O fato de nossa razão, diante do abismo da contingência, perder o pé ou ser tomada de vertigem explica que procuremos um fundo para esse abismo, mas não poderia provar que existe um.

Digamos a coisa de outro modo. O cerne da prova cosmológica é o princípio de razão suficiente, que diz que tudo tem uma razão de ser, que o explica. Por que o mundo? Porque Deus. É a ordem das causas. Por que Deus? Porque o mundo. É a ordem das razões. Mas o que nos prova que há uma ordem e que a razão tem razão? Por que não haveria o absolutamente inexplicável? Por que a contingência não diria a última palavra ou o último silêncio? Seria absurdo? E daí? Por que a verdade não seria absurda? Aliás, seria muito menos absurdo do que misterioso, e a verdade, para todo espírito finito, certamente é misteriosa. Como poderíamos compreender tudo, explicar tudo, se esse *tudo* nos precede, nos contém, nos constitui, nos permeia, enfim nos supera em toda parte? Basta ser lúcido para compreender que ele é misterioso... Como poderíamos explicar sua existência, se toda explicação a supõe?

De resto, mesmo que déssemos razão a Leibniz e ao princípio de razão, isso provaria somente a existência de um ser necessário. Mas o que nos prova que esse ser seja Deus, quero dizer, um Espírito, um Sujeito, uma Pessoa (ou três)? Poderia ser muito bem o *ápeiron* (o infinito, o indeterminado) de Anaximandro, o fogo sempre mutável de Heráclito (o devir), o Ser impessoal de Parmênides, o Tao – igualmente impessoal – de Lao-tsé... Poderia ser a Substância de Espinosa, a qual é absolutamente necessária, causa de si e de tudo, eterna e infinita, mas imanente (seus efeitos estão nela) e desprovida, como eu lembrava a propósito da prova ontológica, de todo e qualquer traço antropomórfico: ela não tem consciência, não tem vontade, não tem amor. Espinosa chama-a de "Deus", é verdade, mas não é um *Bom* Deus: é tão-somente a Natureza (é o que se chama de panteísmo espinosista: *"Deus sive Natura*, Deus, isto é, a Natureza"), a qual não é um sujeito e não persegue nenhum fim. Para que rogar a ela, se ela não nos ouve? Como lhe obedecer, se ela não nos pede nada? Por que confiar nela, se ela não se ocupa de nós? O que resta então da fé? Leibniz não se equivocou a esse respeito. Esse panteísmo está mais próximo do ateísmo do que da religião.

Que existe o ser, não está em discussão. E que esse ser é necessário, também estou propenso a pensar que sim. É meu lado espinosista. O mundo *teria podido* não ser? Certamente, mas somente para o imaginário e enquanto ele não era (é o que indica esse irreal do passado: *teria podido*), não em si mesmo e enquanto ele é. No presente, o real só conhece o indicativo, ou antes, o indicativo presente é o tempo do real, que o fada à necessidade. Porque tudo estaria escrito de antemão? De maneira nenhuma. Mas porque tudo é e não poderia (no presente) ser outra coisa. O princípio de identidade basta para tanto: o que é não pode não ser, já que é. É o verdadeiro princípio de razão, e talvez o único. O possível? Ou é real, ou não é. A contingência não é mais que a sombra do nada ou do imaginário – o que não foi, o que teria podido ser – projetada na imensa clareira do devir ou do ser (o que foi, o que é, o que será). Digamos que, mas não posso me estender sobre esse ponto, a contingência só é pensável *sub specie temporis* (do ponto de vista do tempo), a necessidade, *sub specie aeternitatis* (do ponto de vista da eternidade), e que ambas, no presente, são a mesma coisa. É também o caso, parece-me, do mistério e da evidência.

O mistério do ser

"Não sou ateu", explica-me um amigo, "creio que há alguma coisa, uma energia..." Puxa vida! Eu também creio que há alguma coisa, uma energia (aliás, é o que os físicos nos ensinam: o ser é energia). Mas crer em Deus não é crer numa energia; é crer numa vontade ou num amor! Não é crer em qualquer coisa; é crer em Alguém! E é nessa vontade, nesse amor, nesse Alguém – o Deus de Abraão e de Jacó, o de Jesus ou de Maomé – que, quanto a mim, não creio.

Que há alguma coisa, ninguém duvida. E que esse ser é uma força (a *enérgeia* dos gregos, o *conatus* de Espinosa, a energia dos nossos físicos), basta observar a natureza para perceber. A questão é saber *por que* há alguma coisa. Por que a natureza? Por que a energia? Por que o ser? Por que o devir? É a grande questão de Leibniz: "Por que há algo em vez de nada?" A questão vai além de Deus, pois que o inclui. Por que Deus em vez de nada? Assim, a questão do ser é primeira e sempre torna. Ora, a essa questão ninguém pode dar resposta. Afirmar que o ser é eterno não é explicá-lo: que sempre houve o ser, nos dispensa de buscar seu começo ou sua origem, mas não de buscar sua razão. Pensar o ser como necessário tampouco é explicá-lo; é constatar que ele só se explica por si mesmo (ele é "causa de si", costumam dizer os filósofos), o que o torna, para nós e para sempre, inexplicável.

Tanto quanto os físicos ou os teólogos, os filósofos tampouco escapam do mistério. Por que o big-bang em vez de nada? Por que Deus em vez de nada? Por que tudo em vez de nada? A questão "Por que há algo em vez de nada?" se coloca tanto mais necessariamente quanto não tem resposta possível. É o que a torna fascinante, esclarecedora, estimulante: ela nos remete ao que chamo de mistério do ser, indissociável da sua evidência. Ela nos desperta do nosso sono positivista. Ela abala nossos hábitos, nossas familiaridades, nossas pretensas evidências. Ela nos arranca, pelo menos por algum tempo, da aparente banalidade de tudo, da aparente normalidade de tudo. Ela nos remete ao espanto primeiro: há algo em vez de nada! E ninguém, nunca, poderá dizer por quê, já que só se poderia explicar a existência do ser por um ser, em outras palavras, contanto que se pressuponha primeiro o que se quer explicar. A existência do ser é portanto intrinsecamente misteriosa, é isso que se tem de compreender, e que esse mistério é irredutível. Porque ele é impenetrável? Ao contrário: porque estamos dentro dele. Porque é demasiado obscuro? Ao contrário: porque ele é a própria luz.

A prova físico-teológica

A prova ontológica não prova nada. A prova cosmológica, no melhor dos casos, só prova a existência de um ser necessário, não a de um Deus espiritual ou pessoal. Talvez seja isso que justifique o sucesso, desde há pelo menos vinte e cinco séculos, de uma terceira "prova", tradicionalmente chamada de *prova físico-teológica*. É a mais popular. É a mais simples. É a mais evidente e a mais discutível. Já a encontrávamos em Platão, nos estóicos, em Cícero. Encontramo-la em Malebranche, Fénelon, Leibniz, Voltaire, Rousseau... É uma prova *a posteriori*, baseada nas idéias de ordem e de finalidade (por isso às vezes a chamo de prova físico-*teleológica*, do grego *télos*, fim, objetivo). Seu procedimento é simples, quase ingênuo. Parte-se da observação do mundo; constata-se nele uma ordem, de uma complexidade insuperável; conclui-se daí que há uma inteligência ordenadora. É o que se chama hoje de teoria do "desenho inteligente". O mundo seria bem ordenado demais, complexo demais, belo demais, harmonioso demais para que possa ser obra do acaso; tal êxito suporia, na sua origem, uma inteligência criadora e ordenadora, que só pode ser Deus.

O mínimo que se pode dizer é que esse argumento não é novo. Já era o de Cícero, em *De natura deorum*. Era o de Voltaire, ao mesmo tempo livre-pensador e deísta: "Toda obra que nos mostra meios e um fim anuncia um operário; logo, este universo, composto de molas, de meios, cada um dos quais com seu fim, revela um operário poderosíssimo, inteligentíssimo." O que o mesmo Voltaire resumiu em dois versos célebres:

DEUS EXISTE?

> L'univers m'embarasse, et je ne puis songer
> Que cette horloge existe et n'ait point d'horloger.*

O argumento do relógio, que é tradicional, deve ser levado a sério. Claro, é apenas uma analogia, mas sugestiva. Imaginemos que um dos nossos astronautas descubra, num planeta aparentemente inabitado, um relógio. Ninguém poderia imaginar que um mecanismo tão complexo seja resultado do acaso: todos teríamos certeza, na verdade, de que esse relógio foi fabricado por um ser dotado de inteligência e de vontade. Ora, o universo, ou qualquer uma das suas partes (qualquer flor, qualquer inseto, qualquer um dos nossos órgãos...), é de uma complexidade muito maior que esse relógio; logo, temos de supor, como no caso do relógio e com maior razão, que tem um autor inteligente e voluntário, que só pode ser – já que se trata de explicar o universo inteiro – Deus.

Por mais sugestiva que seja, a analogia tem as suas debilidades. Primeiro porque não passa de uma analogia (o universo, evidentemente, não é feito de molas e engrenagens). Segundo porque ela faz pouco caso, voltarei a isso, das desordens, dos horrores, das disfunções, que são inúmeras. Um tumor cancerígeno também é uma espécie de minuteria (como numa bomba-relógio); um terremoto, se quisermos continuar com a metáfora relojoeira, age como uma campainha ou um vibrador planetário. Em que isso prova que os tumores ou os cataclismos decorrem de um desenho inteligente e benevolente? Enfim, e principalmente, a analogia de Voltaire e Rousseau envelheceu: porque ela lança mão de um modelo mecânico (assim era a física

---

* O universo me desconcerta, e não consigo imaginar / que esse relógio exista e não tenha relojoeiro. (N. do T.)

do século XVIII), enquanto a natureza, como nossos cientistas a descrevem, é muito mais do âmbito da dinâmica (o ser é energia), do indeterminismo (a Natureza joga dados: é por isso que ela não é Deus) e da entropia geral (o que você diria de um relógio que tendesse para uma desordem máxima?). A vida cria ordem, complexidade, sentido? Claro. Mas essa neguentropia do vivo, além de ser localizada e provisória (ela não sobreviverá, na Terra, à extinção do Sol), se explica, desde Darwin, cada vez melhor: a evolução das espécies e a seleção natural substituem vantajosamente – por uma hipótese mais simples – o plano providencial de um misterioso Criador. Compreende-se que os partidários do "desenho inteligente" ataquem tanto o darwinismo, a ponto de às vezes pretender – em nome da Bíblia! – proibir seu ensino ou colocá-lo no mesmo nível do Gênesis. Se o acaso (mutações) cria ordem (pela seleção natural), não há mais necessidade de um Deus para explicar o aparecimento do homem. A natureza basta. Isso não prova que Deus não existe, mas retira um argumento dos crentes.

Desconfiemos das analogias. A vida é mais complexa do que um relógio, e também muito mais fecunda (vocês já viram um relógio procriar?), mais evolutiva, mais seletiva, mais criadora. Isso muda tudo! Se encontrássemos um relógio num planeta até então inexplorado, ninguém duvidaria de que ele resultava de uma ação voluntária e inteligente. Mas, se encontrássemos uma bactéria, uma flor ou um animal, nenhum cientista, mesmo que fosse crente, duvidaria que esse ser vivo, por mais complexo que fosse, resultava tão-somente das leis da natureza. Vão me objetar que isso não explica essas leis mesmas. Concordo. É por isso que a existência de Deus permanece pensável, tanto quanto – mas não mais que – a sua inexistência. O fato é que a prova físico-teológica sofreu muito com o progresso das ciências: o que há de ordem e de aparente finalidade (o movimento dos planetas, a teleonomia dos seres vivos) se explica cada vez melhor; o que há de desordem e de acaso é cada vez mais constatável. No dia em que o Sol se extinguir, daqui a 5 bilhões de anos, a prova físico-teológica terá perdido, é verossímil, a maioria dos seus partidários. Ou eles estarão todos no paraíso. Essa alternativa, que permanece em aberto, diz suficientemente que essa "prova" não é uma prova.

A ausência de prova: uma razão para não crer

Outras "provas" foram avançadas, como se pode imaginar, mas quase todas correspondem a uma das três que acabo de evocar. É o caso, para dar um exemplo eminente, das cinco "vias" de Tomás de Aquino, que visam demonstrar a existência de Deus a partir do conhecimento sensível dos seus efeitos. As três primeiras (a via pelo movimento, que desemboca, como em Aristóteles, num Primeiro Motor imóvel; a pela causa eficiente, que desemboca, como em Avicena, numa Causa primeira; a pelo possível, que desemboca num Ser absolutamente necessário) são próximas da prova cosmológica; a quarta (a via pelos graus do ser, que desemboca num Ser supremo) guarda semelhanças, embora seja *a posteriori*, com o argumento de santo Anselmo; enfim, a quinta via (a pela causa final, que desemboca numa Inteligência ordenadora) nada mais é que um enunciado entre outros do argumento físico-teológico.

Quanto a Descartes, sabe-se que ele não se contenta com a prova ontológica. Já na Terceira Meditação metafísica (o argumento ontológico só é exposto na Quinta), ele também propôs suas "provas pelos efeitos", que não se deve confundir com a prova cosmológica nem com as "vias" de Tomás de Aquino: nelas, a existência de Deus é inferida não da existência do mundo (que Descartes, nesse ponto da sua exposição, ainda considera duvidosa), mas daquilo que o *Cogito* autoriza, a saber, da existência nele da idéia de Deus como substância infinita (primeira prova pelos efeitos), ou da sua própria existência, na medida em que possui essa idéia (segunda prova pelos efeitos). As duas provas, conforme confessa o próprio Descartes, coincidem no essencial. Encontro em mim a idéia de Deus, como Ser infinito e perfeito; essa idéia, como toda coisa, deve ter uma causa; e como "deve haver pelo menos tanta realidade na causa quanto em seu efeito", essa causa deve ser, ela própria, infinita e perfeita: só pode ser Deus.

O argumento me convence menos ainda que o argumento ontológico. Por quê? Primeiro, mais uma vez, porque nada prova que essa causa infinita seja um Sujeito ou um Espírito (poderia ser a Natureza) – a não ser que se o pressuponha na idéia de perfeição, o que é um tanto forçado; depois porque não é nem um pouco evidente que deva haver pelo menos tanta realidade na causa quanto no efeito (os átomos não pensam; o que não exclui que sejam causa do pensamento em nosso cérebro); enfim, e sobretudo, porque a idéia de infinito, no homem, é uma idéia finita, assim como a idéia de perfeição é uma idéia imperfeita. Eu veria aí quase uma característica do homem. O que é um ser humano? É um ser finito (ao contrário de Deus), que tem uma idéia do infinito (ao contrário dos animais), um ser imperfeito que tem uma idéia da perfeição. Mas essas idéias, a humanidade obriga, são elas próprias finitas e imperfeitas. Como poderíamos pensá-las, senão? O homem é um ser finito aberto para o infinito, um ser imperfeito que sonha com a perfeição. É o que se chama de espírito, e essa grandeza é tanto maior quanto não ignora sua própria finitude. Isso torna a "prova" de Descartes inoperante. A partir do momento em que essa idéia do infinito em nós é finita, nada impede que o cérebro baste para explicá-la (que o cérebro é espírito em potência, assim como o espírito é cérebro em ato). Finitude do homem, grandeza do homem: finitude do corpo, grandeza do espírito.

O que concluir disso tudo? Que não há prova da existência de Deus, que não pode haver. Azar dos dogmáticos. A metafísica não é uma ciência. A teologia, menos ainda. E nenhuma ciência as substitui. É que nenhuma ciência alcança o absoluto – ou que nenhuma, em todo caso, o alcança absolutamente. Deus não é um teorema. Não se trata de prová-lo, nem de demonstrá-lo, mas de crer ou não nele.

Vão me objetar que tampouco há prova de que Deus não existe. Reconheço isso sem problema. A coisa, todavia, é menos embaraçosa para o ateísmo do que para a religião. Não apenas porque o ônus da prova, como se diz, cabe a quem afirma, mas também porque, no melhor dos casos, só se pode provar o que é, mas não, na escala do infinito, o que não é. Um nada, por definição, não tem efeito. Como poderia ter prova? Claro, posso provar, com um pouco de sorte, que não cometi determinado ato de que me acusam: basta para tanto que mostre a impossibilidade de cometê-lo, provando por exemplo que, no momento em que o ato foi consumado, eu estava a mil quilômetros dali. É o que se chama ter um álibi. Uma testemunha externa basta. Mas não há álibi possível para o nada, nem testemunha externa para o Todo. Como se poderia provar uma *inexistência*? Tente por exemplo provar que Papai Noel não existe, nem vampiro, nem fada, nem lobisomem... Não conseguirá. O que não é uma razão para acreditar neles. Em compensação, o fato de nunca se ter podido provar a sua existência é uma forte razão para se recusar a crer neles. O mesmo vale, guardadas as devidas proporções (admito que a parada é maior, a improbabilidade menor), no caso da existência de Deus: a ausência de prova, no que diz respeito a ela, é um argumento contra toda religião teísta. Se isso ainda não é uma razão para ser ateu, é pelo menos uma para não ser crente.

FRAQUEZA DAS EXPERIÊNCIAS

Fraqueza das provas, portanto, já que elas provas não são. Mas fraqueza também, e sobretudo, das experiências. É meu segundo argumento, sempre negativo. Para mim, é mais importante que o precedente. Em se tratando de uma questão de fato, a experiência é mais decisiva que os raciocínios.

Uma das minhas principais razões para não crer em Deus é que não tenho nenhuma experiência dele. É o argumento mais simples. É um dos mais fortes. Ninguém me tira a idéia de que, se Deus existisse, deveria ser muito mais visto ou sentido. Bastaria abrir os olhos ou a alma. É o que procuro fazer. E, quanto mais consigo abrir, mais é o mundo que eu vejo, mais é aos humanos que amo.

A maioria dos nossos teólogos e alguns dos nossos filósofos se empenham em nos convencer de que Deus existe. Muito amável da parte deles. Mas, afinal, seria mais simples, e mais eficaz, Deus consentir em se mostrar! É sempre a primeira objeção que me vem, quando um crente tenta me converter. "Por que você se dá a tamanho trabalho?", sinto vontade de perguntar. "Se Deus quisesse que eu acreditasse nele, num instantinho resolveria o assunto! Se ele não quer, para que você se obstinar?"

Sei que os crentes, pelo menos desde Isaías, invocam um "Deus que se esconde", *Deus absconditus*... Alguns vêem aí uma qualidade a mais, como que uma discrição divina, uma delicadeza sobrenatural, tanto mais admirável por nos proteger do mais belo, do mais surpreendente, do mais deslumbrante de todos os espetáculos. Não é esse o meu sentimento. Muito pelo contrário, espanta-me um Deus que se esconde com tanta obstinação. Eu veria nisso, se nele acreditasse, muito menos uma delicadeza do que uma infantilidade, muito menos uma discrição do que uma dissimulação. Não estou mais na idade de brincar de esconde-esconde, nem de *"Seu Deus está aí?"*. O mundo e a vida me interessam muito mais.

Sigamos a metáfora antropomórfica, tal como está inscrita na própria noção de um "Deus oculto", a qual faz parte da tradição mais reconhecida – nós a encontramos na cabala, em santo Agostinho, em Lutero, em Pascal –, e que eu procuro simplesmente compreender. Salvo para brincar, os humanos só se escondem quando têm medo ou vergonha. Mas Deus? A onipotência o dispensa do medo; a perfeição, da vergonha. Então, por que ele se esconde tanto assim? Para nos fazer uma surpresa? Para se divertir? Seria brincar com nossa angústia. *"Deus meu, Deus meu, por que me desamparaste?"*... Este é nosso irmão de dor. Mas aquele que se esconde quando crucificam seu filho? Que Deus poderia se divertir com isso?

Deixemos a metáfora. Vamos ao fundo da questão. Ainda que presente em toda parte ("ubiqüitário"), Deus é invisível. Como se pretende que ele seja onipotente, então é ele que se recusa a se mostrar. Por quê?

A resposta mais freqüente, dada pelos crentes, é que Deus se esconde para respeitar nossa liberdade, ou até para torná-la possível. Se ele se manifestasse em toda a sua glória, explicam, não teríamos mais a opção de crer ou não crer nele. A fé se imporia, ou antes, não seria mais uma fé, e sim uma evidência. Que restaria da nossa liberdade? Nada, explica Kant na *Crítica da razão prática*, e a moral não sobreviveria. De fato, se Deus estivesse "sem cessar diante dos nossos olhos", ou mesmo se pudéssemos provar sua existência, o que dá na mesma, essa certeza nos destinaria à heteronomia, como diz Kant, em outras palavras, à submissão interessada. Não seria mais moral, e sim prudência. Evitaríamos transgredir os mandamentos, a lei moral seria factualmente respeitada, mas somente por interesse: "A maioria das ações conformes à lei seriam produzidas pelo temor, somente algumas pela esperança e nenhuma pelo dever", de modo que, concluiu Kant, "o valor moral das ações não existiria mais". Seríamos como "marionetes" do egoísmo, cujos cordões seriam a esperança (de uma recompensa) e o medo (de um castigo). "Tudo gesticularia bem", mas seria o fim da nossa liberdade. Inversamente, é por Deus se esconder ou permanecer incerto que somos livres para crer nele ou não, logo livres também, segundo Kant, para cumprir ou não com o nosso dever.

A resposta me parece fraca, por três motivos principais.

O primeiro é que, se Deus se escondesse para nos deixar livres, se, para dizer com outras palavras, a ignorância fosse a condição da nossa liberdade, seríamos mais livres que o próprio Deus, já que ele, coitado, não tem a opção entre crer ou não crer na sua própria existência! Seríamos mais livres também do que aqueles profetas ou propagandistas dele, aos quais, segundo a tradição, ele teria se manifestado diretamente. Enfim, seríamos mais livres na Terra que os bem-aventurados em seu Paraíso, os que vêem Deus "face a face", como anuncia a Primeira Epístola aos Coríntios, ou que têm o que os teólogos chamam deliciosamente de "visão beatífica"... Ora, a idéia de que nós, simples humanos, somos mais livres que Deus, ou mesmo mais livres do que Abraão, são Paulo ou Maomé, ou simplesmente mais livres do que os bem-aventurados, me parece tão impossível de aceitar, de um ponto de vista teológico, quanto difícil de pensar, de um ponto de vista filosófico...

O segundo motivo, que me leva a rejeitar essa explicação, é que há menos liberdade na ignorância do que no conhecimento. É o espírito das Luzes, sempre vivo, sempre necessário, contra todo e qualquer obscurantismo. Pretender que Deus se esconde para preservar nossa liberdade seria supor que a ignorância é um fator de liberdade. Que professor poderia aceitar uma idéia dessas? Que pai digno desse nome? Se queremos que toda criança possa ter acesso à escola é porque, ao invés disso, acreditamos que há sempre mais liberdade no conhecimento do que na ignorância. E temos razão. É o espírito da laicidade. É também o espírito dos Evangelhos, pelo menos em parte ("a verdade vos libertará", escreve são João). É o espírito, pura e simplesmente. Nesse caso, a ignorância em que Deus nos mantém, no que concerne à sua existência, não poderia se justificar pela preocupação que ele teria de nos deixar livres. É o conhecimento que liberta, não a ignorância.

Quanto ao argumento de Kant (se Deus se mostrasse a nós, todas as nossas ações se explicariam, a partir de então, pela esperança e pelo medo, nenhuma seria consumada por dever), ele mostra principalmente que as idéias de recompensa e de castigo, de esperança e de temor são radicalmente alheias à moral e, se absolutizadas, pervertem-na necessariamente. Concordo. Agir moralmente é agir de forma desinteressada, mostra Kant, o que supõe que cumpramos com o nosso dever "sem nada esperar por isso". Aplaudo enfaticamente. Mas isso constitui um argumento contra o inferno e o paraíso, muito mais do que uma justificativa para a ignorância humana ou para a dissimulação divina.

Enfim, o terceiro motivo que me leva a rejeitar essa resposta é que ela me parece incompatível com a idéia – tão bela e tão firmemente arraigada na nossa tradição – de um Deus Pai. Tenho três filhos. A liberdade deles, na época em que eram pequenos, era me obedecer ou não, me respeitar ou não, eventualmente me amar ou não. Mas para isso eles tinham de saber que existo! Eu tinha de cuidar deles o bastante para que de fato pudessem se tornar livres! O que vocês pensariam de um pai que se escondesse dos seus filhos? "Não fiz nada para manifestar minha existência, eles nunca me viram, nunca me encontraram", ele contaria a vocês. "Deixei-os crer que eram órfãos ou filhos de pai desconhecido, para que fossem livres de acreditar ou não em mim..." Vocês achariam que esse pai é um doente, um louco, um monstro. E teriam toda razão. Que Pai seria este para se esconder em Auschwitz, no Gulag, em Ruanda, quando seus filhos são deportados, humilhados, esfaimados, assassinados, torturados? A idéia de um Deus que se esconde é inconciliável com a idéia de um Deus Pai. E torna a própria idéia de Deus contraditória: esse Deus não seria um Deus.

"Fraqueza das experiências? Fale por você!", alguns retorquirão: "Eu não paro de sentir a existência de Deus, sua presença, sua escuta, seu amor!"

Que posso objetar a estes, a não ser que nunca senti isso? Não foi por não ter buscado, nem por não ter acreditado. Mas a fé, para mim, nunca fez as vezes de presença. Oh, o vazio de Deus nas igrejas cheias! Oh, seu silêncio nos murmúrios! Adolescente, eu me abri ao capelão do meu colégio: "Eu rogo a Deus, mas ele não me responde", dizia a ele. O padre, um homem de coração e de espírito, me respondia lindamente: "Deus não fala porque ouve." Isso me fez pensar por muito tempo. Com o passar deste, porém, esse silêncio me cansou, depois me pareceu suspeito. Como saber se é o silêncio da escuta ou da inexistência? Essa questão me faz pensar naquela tirada que Woody Allen conta em algum lugar: "Estou arrasado! Acabo de saber que meu psicanalista morreu há dois anos, e eu nem percebi!" Pelo menos, de psicanalista dá para mudar. Mas e de Deus, se só há um ou se todos se calam?

Cada um com a sua experiência. Uma das raras coisas de que tenho certeza, em matéria de religião, é que Deus nunca me disse nada. Mas, na verdade, é menos uma objeção do que uma constatação. Outros, que não são menos sinceros que eu, parecem de fato experimentar uma presença, um amor, uma comunicação, uma troca... Melhor para eles, se isso os ajuda. A humanidade é fraca demais e a vida difícil demais para que eu possa me permitir desprezar a fé de quem quer que seja. Odeio todos os fanatismos, inclusive os fanatismos ateus.

Não obstante, uma experiência que nem todos compartilham, que não é controlável nem reiterável por outros, não deixa de ser frágil. Como saber o que ela vale? Muita gente viu fantasmas ou se comunica com espíritos fazendo mesas girarem... Devo acreditar nisso? Que a maioria esteja de boa-fé, não duvido; mas o que isso prova? A hipocrisia é exceção; a credulidade, infelizmente, não. A auto-sugestão, nesses domínios, é menos improvável do que uma intervenção sobrenatural.

Fraqueza das experiências, portanto. Isso, é claro, não prova nada; mas é uma razão bem forte para não acreditar. Se Deus não se mostra – em todo caso não a mim nem a todos –, talvez seja porque ele quer se ocultar. Mas também pode ser, e essa hipótese me parece mais simples, porque ele não existe.

UMA EXPLICAÇÃO INCOMPREENSÍVEL

Meu terceiro argumento continua sendo negativo, sem se confundir com os dois primeiros. Ele concerne menos às provas do que às explicações, menos à experiência do que à racionalidade, menos à existência do que ao conceito.

Crer em Deus, de um ponto de vista teórico, equivale sempre a querer explicar algo que não compreendemos – o mundo, a vida, a consciência – por meio de outra coisa que compreendemos menos ainda: Deus. Como se satisfazer, intelectualmente, com esse procedimento?

Não nos enganemos quanto a esse argumento. Não se trata de esperar que o conhecimento científico, por mais espetaculares que sejam as suas vitórias, sobretudo nos três últimos séculos, prove o que quer que seja contra a existência de Deus. Se todo progresso científico parece fazer a religião recuar na mesma proporção, pelo menos pontualmente (o que é explicável pelas leis da natureza não é mais preciso explicar recorrendo a Deus), nem por isso ele pode refutá-la globalmente, nem, muito menos, substituí-la (porque o que explica as leis da natureza?). Ninguém mais, hoje em dia, explicaria as marés ou os eclipses pela vontade divina. Mas ninguém, hoje em dia, tanto quanto ontem, é capaz de explicar a própria natureza. Com o que o cientificismo, que seria uma religião da ciência, é tão duvidoso quanto todas as outras. Também é menos poético e mais tolo. Ele passa ao largo da questão que pretende resolver.

Meu argumento é diferente. Não se trata de substituir a religião pela ciência; trata-se de constatar que as explicações (de ordem sobrenatural, não científica) que as religiões pretendem dar – por exemplo, à existência do mundo, da vida ou da consciência – têm em comum... o fato de não explicarem nada, a não ser pelo inexplicável! É muito cômodo, e muito vão. É claro que, sobre o mundo, sobre a consciência, sobre a vida, não compreendo tudo. Há coisas desconhecidas; é o que possibilita o progresso do conhecimento. Sempre haverá; é o que nos fada ao mistério. Mas por que esse mistério seria Deus? Tanto mais que é igualmente claro que, sobre Deus, não compreendo nada – já que ele é por definição incompreensível! É o que faz da sua vontade, como dizia Espinosa, "o asilo da ignorância". As pessoas se refugiam nele para explicar o que não compreendem. A religião se torna a solução universal, como que uma chave-mestra teórica – mas que só abriria portas imaginárias. Para quê? Deus explica tudo, já que é onipotente; mas em vão, já que explicaria também o contrário. O Sol gira em torno da Terra? Foi Deus que quis. A Terra gira em torno do Sol? Foi Deus que quis. Muito esclarecedor! E que vale essa explicação, em ambos os casos, se Deus mesmo permanece inexplicável e incompreensível?

Prefiro aceitar o mistério pelo que ele é: a parte de desconhecido ou de inconhecível que envolve todo conhecimento, toda existência, a parte de inexplicável que toda explicação supõe ou encontra. É verdade de um ponto de vista ontológico: é o que eu chamava mais acima de mistério do ser. Por que há alguma coisa em vez de nada? Não sabemos. Não saberemos nunca. Mas também é verdade de um ponto de vista físico ou científico. Por que as leis da natureza são o que são? Também não sabemos. É provável que nunca saibamos (já que só seria possível explicá-las por outras leis). Chamar esse mistério de "Deus" é uma solução barata, que não dissipa o mistério. Por que Deus, e não nada? Por que estas leis, e não outras? O silêncio, diante do silêncio do universo, me parece mais justo, mais fiel à evidência e ao mistério, talvez também – voltarei a isso no próximo capítulo – mais autenticamente espiritual. Orar? Interpretar? É apenas compor uma letra para o silêncio. Mais vale a contemplação. Mais vale a atenção. Mais vale a ação. O mundo me interessa mais do que a Bíblia ou o Corão. Ele é mais misterioso do que esses livros, mais vasto (já que os contém), mais insondável, mais surpreendente, mais estimulante (já que podemos transformá-lo, enquanto aqueles livros são tidos como intocáveis), mais verdadeiro enfim (já que ele o é integralmente, o que a Bíblia e o Corão, cheios de tolices e de contradições, não poderiam ser, salvo na medida em que fazem parte do mundo: um texto humano se contradizer não é contraditório). Mistério do ser: evidência do ser. O que há de mais banal, ao lado dele, de mais previsível, de mais chato que um catecismo? É porque ele se parece conosco. "Se Deus nos fez à sua imagem, nós lhe retribuímos à altura", dizia Voltaire. Deus, asilo da ignorância e do antropomorfismo.

O universo, abertura e risco, para todo conhecimento e para toda ação.

Um amigo pintor, sem religião particular, me disse um dia: "Não sou ateu; creio que há um mistério..." Grande coisa! Eu também creio que há um mistério! Acho até que é tudo o que há: podemos sem dúvida explicar muitas coisas, mas não tudo, nem mesmo a série inteira das coisas explicáveis, de tal modo que tudo o que se explica mergulha no inexplicável. "A verdade está no fundo do abismo", dizia Demócrito, e o abismo não tem fundo. É nosso lugar. É nossa sina. Não há nada mais misterioso que a existência do mundo, da natureza, do ser, e no entanto é aí dentro que estamos (pois é: no âmago do ser, no âmago do mistério!). Mas isso é o que se chama de imanência, ao passo que Deus é dado como transcendente. O universo é um mistério suficiente. Para que inventar outro?

O mistério não pertence a ninguém. Ele faz parte da condição humana. Faz parte, é bem possível, do próprio ser (se o ser só pode ser explicado, como creio, por si mesmo, o que o torna na verdade inexplicável). Longe de ser uma objeção contra o ateísmo, esse mistério intrínseco e irredutível seria, ao contrário, muito mais uma objeção à religião, ou pelo menos a certo tipo de religiosidade. Foi o que Hume viu, em seus *Diálogos sobre a religião natural*: "Em que vocês, místicos, que afirmam a incompreensibilidade absoluta da Divindade, diferem dos céticos e dos ateus, que pretendem que a causa primeira de todas as coisas seja desconhecida e ininteligível?" A objeção é mais forte do que parece. Se o absoluto é inconhecível, o que nos permite pensar que ele é Deus?

É o limite do fideísmo. Se a fé excede toda razão, como saber em que se crê? *"Credo quia absurdum"*, dizem eles às vezes com Tertuliano ou santo Agostinho, Pascal ou Kierkegaard, "creio porque é absurdo". Que tenham bom proveito! Mas por que o absurdo seria Deus? E como isso seria um argumento?

É também o limite do deísmo, que é uma fé sem revelação, sem culto, sem dogmas. Ser deísta é acreditar em Deus sem ter a pretensão de conhecê-lo. Fé humilde. Fé mínima. Fé abstrata. Mas em que ela crê? "Creio em Deus", escreve-me uma leitora, "mas não no Deus das religiões, que são apenas humanas. O verdadeiro Deus é desconhecido..." Muito bem. Mas, se não o conhecemos, como saber que é Deus?

É o limite, enfim, das teologias negativas ou apofáticas (do grego *apóphasis*, negação). Deus é inconcebível, salvo por analogia. Analogia com o quê? Com aquele que crê. É o que ilustra a conhecida fórmula de Montesquieu nas *Cartas persas*: "Se os triângulos fizessem um Deus, lhe dariam três lados." Como se espantar com que os Deuses da humanidade sejam antropomorfos? Era o caso dos deuses gregos ou latinos. Não é menos o caso, embora de outro ponto de vista, do Deus dos diferentes monoteísmos. É porque ele é concebido por analogia com o que somos ou conhecemos: Deus está para a natureza assim como o artista ou o artesão estão para a sua obra (assim como o arquiteto está para a casa, como o relojoeiro está para o relógio, etc.); ele está para a humanidade assim como um pai está para os seus filhos, assim como um soberano está para o seu povo; ele está para a Igreja assim como o esposo está para a esposa... Por conseguinte, não obstante o que se possa afirmar positivamente sobre Deus, essa afirmação será marcada pelo antropomorfismo. As religiões do Livro não se privaram disso. Não basta proibir as imagens de

Deus (no judaísmo ou no islã) para se libertar do imaginário! O antropomorfismo é mais essencial: ele toca o próprio conceito de divindade. É o preço a pagar pela analogia. Dizer que Deus é espiritual, pessoal e criador já é antropomorfismo. Ora, isso faz parte da sua definição... Dizer que Deus é Pai também é antropomorfismo. Ora, são os Evangelhos a dizê-lo, e a Igreja: releiam o *Pai-nosso* e o *Credo*... Dizer que Deus é justo, que é poderoso e sábio, como fazem a Bíblia e o Corão, é sempre antropomorfismo. Dizer que ele é amor, que é compassivo e misericordioso, também... Mas, então, o que dizer sobre Deus, além de todo antropomorfismo, a não ser, muito exatamente, nada? Isso nos remete à primeira hipótese do *Parmênides* de Platão. Se o Uno existe, não se pode dizer nada dele: "Não há nem mesmo nome para designá-lo; não se pode nem defini-lo, nem conhecê-lo, nem julgá-lo." Mas não se tem mais nenhum motivo, então, para ver nele um Deus, e nenhum meio de pensá-lo. Todo antropomorfismo atinente ao absoluto é ingênuo ou ridículo. O silêncio, diante do indizível, valeria mais.

É aqui que intervêm as teologias negativas. Elas não procuram dizer o que é Deus, já que é impossível, mas o que ele não é: ele não é um corpo, ele não está no espaço, ele não está no tempo, ele não é um monarca, ele não é um artista, ele não é uma criatura, ele não é um ancião de barba branca... Seja. Ele não é tampouco uma mangueira comprida de regar jardim (para nos referirmos a uma velha piada judia), nem um seguro com cobertura total, nem um psicoterapeuta benévolo e altamente competente, nem um bicho de estimação, nem um marido, nem um amante (apesar do Cântico dos Cânticos), nem um superpolicial, nem um computador, nem um *software*, nem um sistema de aposta... Concordo com prazer. Mas, no fim das contas, o que isso nos faz saber sobre o que ele é? "Não afirmamos nada e não negamos nada", escreve aquele que é tradicionalmente chamado de Dionísio, o Areopagita, "porque a Causa única e perfeita está além de toda afirmação, e a transcendência além de toda negação." Isso nos condena ao silêncio ou ao êxtase. É muito cômodo para os crentes. Como refutar um silêncio? Como discutir um êxtase? Mas, nesse caso, o próprio conceito de Deus se torna vazio ou inconcebível: a palavra, afinal de contas, tem um sentido (um significado, diriam os lingüistas), mas ninguém pode pensar adequadamente o que ele deveria designar (seu referente, se ele tem um). Isso não prova que Deus não existe (como provar a inexistência do que não se compreende?), mas fragiliza a posição dos que crêem nele. Se Deus é inconcebível, nada nos autoriza a pensar que ele é um Sujeito ou uma Pessoa, nem que ele é Criador, nem que é Justo, nem que é Amor, nem que é Protetor ou Benfeitor... É onde o misticismo, como viu Hume, pode coincidir com o ateísmo. Se não se pode dizer nada de Deus, não se pode tampouco dizer que ele existe, nem que ele é Deus. Todos os nomes de Deus são humanos ou antropomorfos; mas um Deus sem nome não seria mais um Deus. O inefável não é um argumento. O silêncio não faz uma religião.

Vão me objetar que o ateísmo não pode tampouco escapar dessa alternativa do antropomorfismo ou do indizível. "Se todo discurso sobre Deus é antropomórfico", me disse um dia um padre católico, "então isso vale tanto para o que nega a sua existência quanto para o que a afirma." Não exatamente, parece-me. Porque crer em Deus é dar razão, pelo menos em parte, ao antropomorfismo que a noção de Deus veicula inevitavelmente: é pensar que o absoluto se parece conosco (que ele é um Sujeito, uma Pessoa, um Espírito...), ou que nós nos parecemos com ele (que somos feitos "à sua imagem"). Ser ateu, ao contrário, é pensar que, se a idéia de Deus se parece conosco, como não podia deixar de ser (pois fomos nós que o inventamos), o real último ou primeiro não se parece, pois ele não tem nada de humano, nem de pessoal, nem de espiritual. Isso muda tudo! O crente e o ateu podem servir-se do mesmo conceito de Deus, ou antes, devem servir-se, mas um dá razão, ao menos parcialmente, ao antropomorfismo que esse conceito veicula (sim, Deus é verdadeiramente Sujeito ou Espírito, sim, ele nos fez à sua imagem...), enquanto o outro lhe tira a razão (o fundo do real não é nem um sujeito nem um espírito: é a matéria, é a energia, é a natureza "sem sujeito nem finalidade..."). O fato de religião e irreligião se servirem do mesmo conceito e de ambas não terem provas não autoriza a confundi-las!

Resumindo, em se tratando de Deus, não podemos escapar do dilema do silêncio (Deus inconcebível, inefável, incompreensível) ou do antropomorfismo (um Deus humano demais e compreensível demais para ser Deus). É evidentemente uma fraqueza para a religião: o silêncio não diz o bastante sobre ele (por que o indizível seria Deus?); o antropomorfismo diz demais (por que o absoluto seria humano?).

EXCESSO DO MAL

Vamos aos três argumentos positivos que me levam não apenas a não crer em Deus (ateísmo somente negativo, muito próximo nisso do agnosticismo), mas a crer que Deus não existe (ateísmo positivo ou *stricto sensu*).

O primeiro desses três argumentos é o mais antigo, o mais banal, o mais forte: é a existência do mal, ou antes, sua amplitude, sua atrocidade, sua enormidade. Argumento positivo? Sim, na medida em que o mal é um fato que não se contenta com assinalar uma debilidade da religião, como os três argumentos precedentes, mas que apresenta uma forte razão para ser ateu. Argumento tão evidente, tão repisado, desde Epicuro ou Lucrécio, que hesito em voltar a ele. Mas tenho de fazê-lo, porque o mal e as religiões continuam existindo.

Epicuro, como sempre, vai direto ao essencial, que ele resumia, de acordo com um testemunho de Lactâncio, em quatro hipóteses. Nenhuma é satisfatória (é o que eu chamaria de *tetralema* da religião), e é por isso que a hipótese de um Deus criador tampouco o é:

> Ou Deus quer eliminar o mal e não pode; ou pode e não quer; ou não pode nem quer; ou quer e pode. Se quer e não pode, é impotente, o que não corresponde a Deus; se pode e não quer, é mau, o que é estranho a Deus. Se não pode nem quer, é ao mesmo tempo impotente e mau, logo não é Deus. Se quer e pode, o que corresponde somente a Deus, de onde então vem o mal ou por que Deus não o suprime?

A quarta hipótese, a única conforme à nossa idéia de Deus, é portanto refutada pelo próprio real (a existência do mal). Devemos concluir daí que nenhum Deus criou o mundo, nem o governa, seja porque não há Deus, seja porque os deuses (era a opinião de Epicuro) não se preocupam conosco nem com a ordem ou a desordem do mundo, que eles não criaram e que não governam de modo algum... Nem providência, portanto, nem destino: não há nada a esperar dos deuses, nem nada a temer deles. Aliás, acrescentará Lucrécio, a natureza mostra bastante bem, com suas imperfeições, "que não foi criada para nós por uma divindade". O poeta, sobre esse tema, encontrará um dos seus mais belos e mais trágicos timbres: a vida é difícil demais, a humanidade é fraca demais, o trabalho é extenuante demais, os prazeres vãos ou raros demais, a dor é demasiado freqüente ou demasiado atroz, o acaso é demasiado injusto ou demasiado cego para que se possa crer que um mundo tão imperfeito seja de origem divina!

É o que se chama tradicionalmente de problema do mal. Mas só é um problema para os crentes. Para os ateus, o mal é um fato, que temos de reconhecer, enfrentar, superar se possível, mas que não é nada difícil de compreender. O mundo não é feito por nós nem para nós. Por que corresponderia em tudo aos nossos desejos, às nossas necessidades, às nossas exigências? "O mundo não é um berçário", dizia Freud. E Alain: "Esta Terra não nos prometeu nada." A existência do mal, para o ateu, é natural. É menos um problema (teórico) do que um obstáculo (prático) e uma evidência. E para os crentes? Como explicar a onipresença do mal num mundo criado por um Deus onipotente e infinitamente bom? Eis que a evidência se torna objeção ou mistério. Leibniz, em sua *Teodicéia*, exprimiu isso em duas frases: "Se Deus existe, de onde vem o mal? Se não existe, de onde vem o bem?" É dividir o fardo de uma forma demasiado cômoda. As duas questões, apesar da sua aparente simetria, estão longe de ter o mesmo peso. Que haja bem no mundo – prazer, compaixão, amor – a natureza e a história poderiam bastar para explicar. Mas que haja mal, e que haja tanto mal, e tão atroz, e tão injusto, como torná-lo compatível com a existência, a onipotência e a infinita perfeição de Deus?

Entremos um pouco no detalhe. Que haja mal no mundo, é coisa que, inclusive do ponto de vista dos crentes, se poderia compreender e aceitar. É o preço a pagar pela Criação. Se o mundo não comportasse mal algum, seria perfeito; mas, se ele fosse perfeito, seria Deus, e não haveria mundo... É o argumento de Simone Weil, que retoma o tema paulino da *exinanição* ou *kenose*, ou mesmo, talvez sem saber, o velho tema místico judaico do *tsimtsum*: Deus, por amor, esvaziou-se da sua divindade, retirou-se, para que nesse retiro (a criação), nessa distância (o espaço), nessa espera (o tempo), nesse vazio de Deus (o universo), outra coisa diferente dele pudesse existir. Criar, para Deus, não é acrescentar bem ao bem infinito que Ele é (como Deus poderia fazer melhor que Deus, já que ele é todo o Bem possível?); é consentir não ser tudo. Portanto a criação do mundo não é um aumento ou um progresso, como crêem ingenuamente os humanos, mas uma subtração, uma diminuição, como que uma amputação, por Deus, de si. "A criação", escreve Simone Weil, "é da parte de Deus um ato não de expansão de si, mas de retirada, de renúncia. Deus e todas as criaturas são menos que Deus somente. Deus aceitou essa diminuição. Ele esvaziou de si uma parte do ser. Ele se esvaziou, nesse ato mesmo, da sua divindade; é por isso que são João diz que o Cordeiro foi degolado desde a constituição do mundo." Como não haveria mal no mundo, se o mundo só é mundo com a condição de não ser Deus?

Seja. Isso pode explicar que haja mal no mundo. Mas tinha de haver tanto mal assim? É o que eu nunca pude conceber ou aceitar, apesar de toda a admiração e ternura que tenho por Simone Weil.

Aqui, a experiência importa mais que a metafísica. E a sensibilidade, é bem possível, mais que a experiência. O fato porém é que o mal, inclusive para os mais otimistas, veja Leibniz, é inconteste. O bem também? Sem dúvida. Mas a natureza basta para explicar um e outro, ao passo que um Deus tornaria os dois incompreensíveis, o primeiro pelo excesso, o segundo pela insuficiência. Há horrores demais neste mundo, sofrimentos demais, injustiças demais – e muito pouca felicidade – para que a idéia de ele ter sido criado por um Deus onipotente e infinitamente bom me pareça aceitável.

Claro, muitas vezes os responsáveis por esses sofrimentos e essas injustiças são os homens. Mas quem criou a humanidade? Os crentes vão me responder que Deus nos criou livres, o que supõe que possamos praticar o mal... Isso nos remete à aporia já evocada: somos então mais livres do que Deus, que só é capaz – perfeição obriga – de praticar o bem? E mesmo deixando de lado essa dificuldade, por que Deus nos criou tão fracos, tão covardes, tão violentos, tão ávidos, tão pretensiosos, tão pesados? Por que tantos canalhas ou medíocres, tão poucos heróis ou santos? Por que tanto egoísmo, inveja, ódio, tão pouca generosidade e amor? Banalidade do mal, raridade do bem! Parece-me que um Deus, mesmo nos deixando livres e imperfeitos, poderia obter uma proporção mais favorável.

Enfim, e talvez principalmente, há todos esses sofrimentos, desde há milênios, pelos quais a humanidade não é responsável. Há todas essas crianças que morrem de doenças, muitas vezes com sofrimentos atrozes. Esses milhões de mulheres que morreram de parto (que às vezes ainda morrem), com a carne e a alma dilaceradas. Há as mães dessas crianças, há as mães dessas mulheres, quando ainda vivas, incapazes de ajudá-las, de aliviá-las, que só podem assistir, impotentes, ao horror... Quem ousaria lhes falar de pecado original? Há um número incontável de cânceres (nem todos se devem ao meio ambiente ou ao modo de vida). Há a peste, a lepra, o impaludismo, a cólera, o mal de Alzheimer, o autismo, a esquizofrenia, a mucoviscidose, a miopatia, a esclerose múltipla, o mal de Charcot, a coréia de Huntington... Há terremotos, maremotos, furacões, secas, inundações, erupções vulcânicas... Há a desgraça dos justos e o sofrimento das crianças. Ao que o pecado original dá uma explicação ridícula ou obscena. "Tínhamos de nascer culpados, ou Deus seria injusto", escreve Pascal. Há uma outra possibilidade, mais simples: que Deus não existe.

E há, além disso tudo, muito antes do aparecimento do homem, o sofrimento dos animais. Bilhões de animais, de milhões de espécies, viveram devorando bilhões de outros, cuja única culpa era serem fracos ou lentos demais para escapar deles. Não faço parte da Sociedade Protetora dos Animais. Mesmo assim! Basta ver as reportagens sobre os bichos, na televisão: são tigres matando gazelas, peixes devorando outros peixes, passarinhos comendo minhocas, insetos consumindo outros insetos... Não os recrimino: eles exercem seu ofício de viver. Mas como inserir tantos sofrimentos de suas presas, e por tanto tempo, num suposto plano divino? Nossos ecologistas protestam, eles talvez tenham razão, contra a engorda dos gansos. Mas que dizer então da invenção dos carnívoros? A vida, tal como se supõe que Deus a criou, e muito antes do aparecimento do *homo sapiens*, é de uma violência e de uma injustiça assustadoras. É como uma longa carnificina, que nunca acaba. Desse ponto de vista, a primeira "verdade santa" de Buda, que ensina que "toda vida é sofrimento", *sarvam dukkham*, parece-me bater muito mais com a nossa experiência, infelizmente, do que o ensinamento dos vários monoteísmos! A dor é incalculável. A desgraça é incalculável. Não ignoro que também há prazeres e alegrias. Mas basta a natureza para explicá-los, enquanto Deus torna o horror inexplicável.

Alguns crentes, diante da evidência e da amplitude do mal, combatem hoje em frentes invertidas, invocando não mais a onipotência de Deus mas sua impotência ou sua fraqueza. É uma variante da *kenose* ou do *tsimtsum*, que encontramos por exemplo em *O conceito de Deus depois de Auschwitz*, de Hans Jonas. A história passou por ali, em seu horror renovado, em sua enormidade, em sua atrocidade. A Shoah torna insuportável a própria idéia de um Deus onipotente. Seria necessário portanto renunciar a essa idéia e aceitar, doravante, indo no sentido oposto à tradição, a trágica fraqueza de um Deus em devir e em sofrimento, de um Deus que "se despojou da sua divindade", como diz Hans Jonas (bem próximo aqui de Simone Weil, que ele não cita), de um Deus desarmado, que só pôde criar o mundo e o homem renunciando à onipotência... Por que não? É melhor, ante o horror, do que as justificativas indecentes de um Leibniz. Mas mesmo assim o horror permanece.

Esse tema do Deus fraco, que já era encontrado em Dietrich Bonhoeffer e que encontramos hoje em vários teólogos cristãos, pode ser autorizado, neles, pela própria imagem de Cristo, em seus dois extremos, que são extremos de fraqueza: o estábulo e o calvário, o menino nu, entre a vaca e o burro, e o inocente crucificado, entre dois ladrões... Alain, que foi o mestre de Simone Weil, havia escrito sobre esse tema belas páginas. "A potência se retirou", ele também dizia em *Os deuses*. E em suas *Preliminares à mitologia*, isto, que nunca pude ler sem emoção:

> Se me falam de novo do deus onipotente, respondo: é um deus pagão, é um deus superado. O novo deus é fraco, crucificado, humilhado; é seu estado; é sua essência. Não lancem mão de astúcias sobre esse ponto, pensem na imagem. Não digam que o espírito triunfará, que terá potência e vitória, guardas e prisões, enfim, a coroa de ouro. Não. As imagens falam alto demais; não se pode falsificá-las. É a coroa de espinhos que ele terá.

Mas, para Alain, esse deus é tanto mais fraco por não ser Deus – ele é apenas espírito ("sempre humilhado, ultrajado, crucificado, sempre renascendo no terceiro dia"); ele só existe no homem. Humanismo verdadeiro: espiritualismo verdadeiro, mas sem Igreja, sem dogmas, sem Deus. Tenho mais dificuldade para conceber esse *Deus fraco* de que nos falam, que teria potência suficiente para criar o universo e o homem, ou até para nos fazer ressuscitar de entre os mortos, mas não para salvar uma criança ou seu povo.

Outros crentes se refugiam na incapacidade em que estão de resolver o problema: o mal, dizem eles, é "um mistério". Não creio. Vejo nele, ao contrário, uma das raras evidências que temos (como Pascal, com a sua lucidez habitual, havia observado: "conhecemos muito bem o mal e o falso", não o bem e o verdadeiro). O Deus deles é que é um mistério, ou que torna o mal misterioso. E desse mistério, que é tão-só imaginário, prefiro prescindir. Mais vale reconhecer o mal pelo que ele é – em sua banalidade e em sua enormidade, em sua evidência atroz e inaceitável –, encará-lo e combatê-lo, tanto quanto pudermos. Não é mais religião, e sim moral; não é mais fé, e sim ação.

MEDIOCRIDADE DO HOMEM

Meu quinto argumento para justificar meu ateísmo concerne menos ao mundo do que aos humanos: quanto mais os conheço, menos posso crer em Deus. Digamos que não tenho uma idéia muito elevada da humanidade em geral, e de mim mesmo em particular, para imaginar que um Deus esteja na origem desta espécie e deste indivíduo. É mediocridade demais por toda parte. Pequenez demais. Nulidade [*dénéantise*] demais, como dizia Montaigne. Vanidade demais, como ele também diz ("De todas as vanidades, a mais vã é o homem"). Que belo resultado para um ser onipotente! Você me dirá que Deus talvez tenha feito coisa melhor em outros domínios... Admitamos. Mas será essa uma razão para se contentar com tão pouco neste? O que você diria de um artista que, a pretexto de ter feito algumas obras-primas, pretendesse lhe vender os seus refugos? Pode ser que isso não seja raro em nossos artistas, mas não é nada aceitável num Ser supostamente onipotente e infinitamente bom... Enfim, a idéia de que Deus tenha podido consentir em criar tamanha mediocridade – o ser humano – me parece, mais uma vez, de uma plausibilidade baixíssima.

"Deus criou o homem à sua imagem", lemos no Gênesis. Isso nos faz duvidar do original. Parece-me muito mais concebível, muito mais sugestivo, muito mais *verossímil* que o homem descenda do macaco. Darwin, mestre de misericórdia.

Devemos por isso dar razão aos misantropos? De jeito nenhum! O homem não é entranhadamente mau. Ele é entranhadamente medíocre, mas não tem culpa disso. Ele faz o que pode com o que tem ou o que é, e ele não é grande coisa, e não pode muito. É o que deve nos tornar indulgentes em relação a ele, às vezes até mesmo admirativos. O materialismo, dizia La Mettrie, é o antídoto da misantropia: é porque os homens são animais que não vale a pena odiá-los, nem tampouco desprezá-los. Como cópias de Deus, seríamos ridículos ou inquietantes. Como animais produzidos pela natureza, não somos de todo desprovidos de qualidades e de méritos. Partimos de tão baixo! Quem poderia adivinhar, cem mil anos atrás, que aquelas espécies de grandes símios iriam à Lua, gerariam Michelangelo e Mozart, Shakespeare e Einstein, que inventariam os direitos humanos e até os direitos dos animais? Nós lutamos, por exemplo, para proteger as baleias e os elefantes. Temos razão. Mas imaginem que a humanidade se torne, isso talvez venha a acontecer, uma espécie em extinção: baleias e elefantes não levantariam a nadadeira ou a tromba para nos preservar. A ecologia é própria do homem (sim, apesar da poluição, ou antes, por causa dela), e os direitos dos animais, inclusive, só existem para os humanos. Isso diz muito sobre essa espécie.

Religião do homem? Claro que não. Que péssimo deus ele daria! O humanismo não é uma religião, é uma moral (a qual inclui também nossos deveres para com as outras espécies animais). O homem não é nosso Deus; ele é nosso próximo. A humanidade não é nossa Igreja, mas nossa exigência. Trata-se, repitamos com Montaigne, de "fazer bem o homem", e nunca se pára de fazê-lo! Humanismo sem ilusões, e de salvaguarda. Devemos perdoar os homens – e nós mesmos – por serem apenas o que são. Nem anjos, nem bestas, como diz Montaigne antes de Pascal, nem escravos nem super-homens: "Eles querem se pôr fora de si e escapar do homem. É loucura: em vez de se transformar em anjos, eles se transformam em bestas; em vez de se elevar, eles se rebaixam. Esses humores transcendentes me assustam, tal como os lugares altos e inacessíveis." A lucidez basta, e é melhor.

Finitude do homem: exceção do homem. O mesmo *homo sapiens*, que não seria mais que uma imitação grotesca de Deus, é o mais extraordinário, de longe, de todos os animais: ele tem um cérebro espantosamente complexo e eficiente; é capaz de amor, de revolta, de criação; inventou as ciências e as artes, a moral e o direito, a religião e a irreligião, a filosofia e o humor, a gastronomia e o erotismo... Não é pouco! O que ele fez de melhor, nenhum animal teria feito. O que ele fez de pior, também não. Isso diz bastante sobre a sua singularidade. Daí a imaginá-lo criado por um Deus... Como? Toda essa mesquinharia, todo esse narcisismo, todo esse egoísmo, todas essas pequenas rivalidades, esses pequenos ódios, esses pequenos rancores, essas pequenas invejas, esses pequenos divertimentos, essas pequenas satisfações de conforto ou de amor-próprio, essas pequenas covardias, essas pequenas ou grandes ignomínias – seria necessário um Deus para explicar isso? Coitado! Como ele deve se chatear, se existir, se é que não se envergonha! Veja nossos principais canais de televisão, basta ver somente um dia, e – diante de tanta besteira, violência, vulgaridade – pergunte-se simplesmente: como é que um Ser onipotente e onisciente poderia querer *isto*? Você vai me dizer que não é Deus que faz os programas. Sem dúvida. Mas ele é que teria criado a humanidade, a qual dá ibope aos programas... Como, diante de tamanha mediocridade das criaturas, ainda crer na infinita perfeição de um Criador?

Estou carregando nas tintas? Não muito, parece-me. Estou simplificando, tenho de fazê-lo, estou abreviando, digamos que, para ir mais depressa, examino apenas um lado da questão. Sei que também existem (e, às vezes, está na televisão) obras-primas, gênios, heróis; enfim, dentre alguns verdadeiros canalhas, uma larga maioria de gente de bem. Mas esses dois lados da humanidade, sombra e luz, grandeza e miséria, em se tratando do nosso debate, não têm a mesma pertinência, nem a mesma força. A miséria do homem, como diz Pascal, me parece muito mais incompatível com sua origem divina do que sua grandeza com sua origem natural! O fato de sermos capazes de amor e de coragem, de inteligência e de compaixão, isso a seleção natural pode bastar para explicar: são vantagens seletivas, que tornam a transmissão dos nossos genes mais provável. Mas que sejamos a tal ponto capazes de ódio, de violência e de mesquinharia, isso (que o darwinismo explica sem dificuldade) me parece exceder os recursos de qualquer teologia. É inútil explicitar que não sou exceção. Quanto mais eu me conheço, menos posso crer em nossa origem divina. E, quanto mais conheço os outros, menos a coisa se arranja... Crer em Deus, escrevi em algum lugar, é pecado de orgulho. Seria atribuir a nós mesmos uma causa muito grande para um efeito tão pequeno. O ateísmo, ao contrário, é uma forma de humildade. Somos filhos da terra (*humus*, de onde vem "humildade"), e dá para sentir essa filiação... Mais vale assumi-la e inventar o céu que corresponda a ela.

O DESEJO E A ILUSÃO

O sexto e último argumento que me leva a decidir em favor do ateísmo talvez seja o mais subjetivo. Mas se não fôssemos sujeitos a questão não se colocaria.

De que se trata? De nós mesmos – do nosso desejo de Deus. Vejo nele uma razão, para mim particularmente convincente, de não crer em Deus: se sou ateu, é também porque eu preferiria que Deus existisse! Isso é menos paradoxal do que parece. Ser Ateu não é necessariamente ser contra Deus. Por que ser contra o que não existe? Porém há mais: de minha parte, devo confessar, eu até que seria a favor de Deus... É por isso que, para mim, toda religião é suspeita.

"A filosofia não esconde, ela faz sua a profissão de fé de Prometeu: *'Odeio todos os deuses'*", escrevia o jovem Marx em 1841 (o da dissertação sobre Demócrito e Epicuro). Ingenuidade do jovem. Não é a filosofia que detesta os deuses, nem mesmo todos os filósofos (os maiores, inclusive entre os ateus, falam dele com respeito). E, em se tratando especialmente do Deus dos cristãos, o único com que convivi um pouco, pelo menos na imaginação, não vejo por que deveria odiá-lo. Antes pelo contrário: o que há de mais amável, por definição, que um Deus de amor? Quem não sonharia com ele? O que, no entanto, não é uma razão para nele crer. Pois o que prova um sonho? O fato de sermos a favor da justiça não prova que ela existe. Nesse ponto, é Alain que tem razão: "A justiça não existe; é por isso que temos de fazê-la." Sim, tanto quanto podemos, e afinal um pouco podemos. Basta querer. Basta ser a favor dela, de fato, se essa posição não for somente uma pose ou um discurso. Mas *fazer Deus*, quem poderia? Ninguém é obrigado ao impossível: Deus é esse impossível, que talvez nos obrigue, se ele existe, mas ao qual não poderíamos ser obrigados, se ele não existe.

Deus, ou o sonho absoluto, ou o absoluto sonhado: um infinito de amor, de justiça, de verdade... Sou a favor dele, como a maioria das pessoas, quero dizer que preferiria que ele existisse; mas não é uma razão suficiente para nele crer, aliás, é uma, e bem forte, para me recusar a crer. Algumas pessoas se espantam: "Se você prefere que Deus exista, devia crer nele!", dizem. Não! É o contrário! Justamente porque eu preferiria que Deus existisse que tenho fortes motivos para duvidar da sua existência. Eu também preferiria que nunca mais houvesse guerras, nem pobreza, nem injustiça, nem ódio. Mas, se alguém me anunciar isso para amanhã, vou considerá-lo um sonhador que confunde seus desejos com a realidade – ou um terrorista, se pretender me impor seu sonho.

Por que eu preferiria que Deus existisse? Porque ele corresponde aos meus desejos mais fortes. Se eu tendesse a crer em Deus, só isso bastaria para me dissuadir de crer: uma crença que corresponde a tal ponto aos nossos desejos, é de temer que tenha sido inventada para satisfazê-los (pelo menos fantasmaticamente). Porque, afinal, há que reconhecer que a realidade não costuma corresponder tanto assim às nossas esperanças. É o mínimo que se pode dizer.

O que desejamos acima de tudo? Se deixarmos de lado nossos desejos vulgares ou baixos, que não necessitam de um Deus para ser satisfeitos, o que desejamos acima de tudo é, primeiro, não morrer, ou não completamente, ou não definitivamente; depois, encontrar os seres queridos que perdemos; que a justiça e a paz terminem por triunfar; enfim, e talvez principalmente, ser amados.

Ora, o que nos diz a religião, especialmente a religião cristã? Que não morreremos, ou não verdadeiramente, ou que vamos ressuscitar; que, por conseguinte, encontraremos os seres queridos que perdemos; que, no fim das contas, a justiça e a paz prevalecerão; enfim, que já somos amados com um amor infinito... Que mais podemos querer? Nada, claro! É justamente o que torna a religião suspeita: é bom demais para ser verdade, como se diz! É o argumento de Freud, em *O futuro de uma ilusão*: "Seria sem dúvida muito bom se houvesse um Deus criador do mundo e uma Providência cheia de bondade, uma ordem moral do universo e uma vida depois da morte, entretanto é muito curioso que tudo isso é exatamente o que poderíamos desejar a nós mesmos." Já era o argumento de Nietzsche, no *Anticristo*: "A fé salva, logo mente." Deus é desejável demais para ser verdadeiro; a religião, reconfortante demais para ser credível.

O que Freud e Nietzsche operam aqui, ou o que tento operar com eles, é como que uma inversão da prova ontológica, se bem que de outro ponto de vista: é justamente porque Deus é definido como "soberanamente perfeito" ("um ser tal", diria eu à maneira de Anselmo, "que não se possa desejar nada melhor") que convém não crer nele.

É também como que uma "aposta de Pascal" invertida. Como se sabe, Pascal, mais lúcido nesse ponto que Descartes ou Leibniz, está convencido de que não há prova da existência de Deus, que não pode haver e, aliás, que, se houvesse uma, não seria Deus que ela provaria (só se pode provar uma verdade, mas "a verdade da caridade não é Deus": um Deus que pudesse ser provado seria o Deus "dos filósofos e dos cientistas", não o de Jesus Cristo). Em compensação, se não se pode *provar* Deus, pode-se, e deve-se, *apostar* que ele existe. Por quê? Em virtude do cálculo das probabilidades ou da teoria dos jogos, que, com Fermat, Pascal contribuiu para inventar. Temos tudo a ganhar com a religião, explica um fragmento célebre dos *Pensamentos*, e nada a perder. Dá mais ou menos para calcular, matematicamente. Quando uma aposta é aceitável? Quando a relação entre o que se aposta e o ganho possível é proporcional à probabilidade deste último. Por exemplo, se jogo cara ou coroa, a probabilidade de ganho é de um para dois, logo o ganho esperado tem de ser pelo menos o dobro da aposta para que o jogo seja aceitável. Se for inferior, devo rejeitar a aposta; se for superior, tenho, ao contrário, o maior interesse em aceitá-la. Ora, em se tratando de Deus, ou antes, da nossa crença nele, o ganho possível ("uma infinidade de vida infinitamente feliz", escreve Pascal) supera infinitamente a aposta (nossa vida terrestre, mortal, miserável). Como há uma probabilidade não nula de ganhar, uma probabilidade não infinita de perder (a existência de Deus é possível) e uma diferença infinita entre a aposta e o ganho, não há por que hesitar: devemos evidentemente apostar que Deus existe. É o que a célebre fórmula resume: "Se você ganhar, ganhará tudo; se perder, não perderá nada."

O argumento, mesmo que o suponhamos matematicamente correto, parece-me teoricamente duvidoso. Por que a graça se submeteria ao cálculo das probabilidades? Como minha salvação poderia depender de uma aposta? Deus não é crupiê. Nada o impede de me condenar, mesmo que eu tenha optado pela sua existência, nem de me salvar, mesmo que eu tenha apostado que ele não existia. Mas deixemos de lado essa objeção teológica. É sobretudo de um ponto de vista filosófico que a aposta de Pascal me parece inaceitável. O pensamento não é um jogo de azar. A consciência não é um cassino. Por que deveríamos submeter nossa razão ao nosso interesse? Nosso espírito, a um cálculo dos riscos e dos ganhos? Nossa filosofia, a uma aposta? Seria indigno de nós, da razão e de Pascal (sua aposta não é voltada para ele, que espera a fé unicamente de Deus, mas aos libertinos, que só querem crer no seu prazer pessoal). É aí que hedonismo e utilitarismo atingem os seus limites. Não sou jogador; sou um espírito. Não é o meu interesse que busco antes de tudo, é a verdade, e nada garante que os dois coincidam. É improvável, inclusive, a tal ponto meu interesse é particular, a tal ponto a verdade é universal. De modo que o próprio interesse que eu tenho de crer em Deus (como mostra a aposta de Pascal) deve me tornar vigilante – a partir do momento em que não tenho nenhuma prova e nenhuma experiência da existência desse Deus – contra a tentação de crer efetivamente nele, ou mesmo constitui uma forte razão para não crer. Por que o real me sorriria a tal ponto, se quase nunca costuma fazê-lo?

Toda religião é otimista (o próprio maniqueísmo anunciava o triunfo final do Bem), o que diz o bastante sobre a religião.

"Evangelho", em grego, significa "boa nova", o que diz o bastante sobre o cristianismo. É o espírito das Beatitudes. Não é de espantar que ele nos tente ou nos seduza! O Reino para os pobres, o consolo para os aflitos? O triunfo definitivo da vida sobre a morte, da paz sobre a guerra? Uma eternidade, em todo caso para os justos, de felicidade infinita? Não podemos sonhar com nada melhor, e é isso que torna a coisa improvável. Uma crença que nada atesta e que corresponde a tal ponto aos nossos mais fortes desejos: como não desconfiar que ela é a expressão desses desejos, que ela é derivada deles, como diz Freud, em outras palavras, que ela tem a estrutura de uma ilusão?

O que é uma ilusão? Não é a mesma coisa que um erro, explica Freud, e aliás uma ilusão não é necessariamente falsa. Uma ilusão é "uma crença derivada dos desejos humanos" – uma crença desejante ou um desejo crédulo. Isso coincide com o sentido corrente da palavra: ter ilusões é tomar seus desejos pela realidade. Por exemplo, a moça pobre, convencida de que vai se casar com um príncipe ou com um milionário. Isso, embora muito improvável, observa Freud, não é totalmente impossível. Pode ser, portanto, que a moça pobre tenha razão. Nem por isso ela deixa de acalentar uma ilusão, já que sua crença, que não está fundada em nenhum saber, só se baseia no desejo fortíssimo que ela tem de que assim seja. A ilusão não é, portanto, um tipo de erro; é um tipo de crença, é crer que uma coisa é verdadeira por ser fortemente desejada. Nada mais humanamente compreensível. Nem filosoficamente mais discutível.

Este sexto argumento constitui, com o terceiro ("a explicação incompreensível"), uma espécie de quiasma, que fortalece ambos: Deus é por demais incompreensível, de um ponto de vista metafísico, para não ser duvidoso (como saber se o que não compreendemos é um Deus ou uma quimera?); a religião é por demais compreensível, de um ponto de vista antropológico, para não ser suspeita.

Imagine que eu queira comprar um apartamento nos Estados Unidos, por exemplo, nos bairros grã-finos de Nova York, digamos em Manhattan, com vista para o Central Park... Quero pelo menos quatro quartos, duas salas, dois banheiros, um terraço ensolarado, tudo em bom estado e por um preço que não ultrapasse 100 000 dólares... "Ainda não achei", eu poderia dizer, "mas continuo procurando: eu confio, creio que vou achar!" Você me dirá que acalento uma ilusão, e terá toda razão. O que não prova que estou errado (posso encontrar um proprietário maluco ou um mecenas que queira me dar o apartamento de presente), mas fragiliza consideravelmente minha posição: na verdade, você está convencido de que nunca vou encontrar uma pechincha dessas. E se eu lhe digo que existe um Deus imortal, onisciente, onipotente, perfeitamente bom e justo, todo ele amor e misericórdia, você acha mais crível do que um apartamento desses no melhor lugar de Nova York por menos de 100 000 dólares? Só se você fizer uma idéia muito pouco elevada de Deus ou elevada demais do ramo imobiliário.

"Estamos dispostos por natureza a crer facilmente no que esperamos e, ao contrário, dificilmente no que tememos", escrevia Espinosa na *Ética*. E acrescentava: "Daí nasceram as superstições, pelas quais os homens são dominados em toda parte." Mais uma razão para desconfiarmos das nossas crenças, quando elas vão no sentido do que esperamos! Quem não espera o triunfo final da justiça e da paz? Quem não deseja ser amado? Quem não desejaria a vitória definitiva da vida sobre a morte? Se dependesse de mim, pode ter certeza de que Deus existiria faz tempo! Mas, como, evidentemente, não depende, forçoso me é constatar que o próprio desejo que temos de Deus – desejo de um "Pai transfigurado", como diz Freud, para as criancinhas que todos nós somos, desejo de proteção e de amor – é um dos argumentos mais fortes contra a crença na sua existência.

O direito de não crer

Uma palavra para resumir e concluir este capítulo. Seis argumentos principais me levam a não crer em Deus (os três primeiros) e, inclusive, a crer que ele não existe (os três seguintes): a debilidade dos argumentos opostos (as supostas "provas" da existência de Deus); a experiência comum (se Deus existisse, deveríamos vê-lo ou senti-lo mais); minha recusa a explicar o que não compreendo por meio de algo que compreendo menos ainda; a enormidade do mal; a mediocridade do homem; enfim o fato de que Deus corresponde tão bem a nossos desejos que sobram razões para pensar que ele foi inventado para satisfazê-los, pelo menos fantasmaticamente (o que faz da religião uma ilusão, no sentido freudiano do termo). Eu anunciava desde o início e do que continuo persuadido que nenhum desses argumentos, nem a sua soma, vale como prova. Deus existe? Não sabemos. Nunca saberemos, em todo caso nesta vida. É por isso que se coloca a questão de crer em Deus ou não. O leitor agora sabe por que, de minha parte, não creio: primeiro, porque nenhum argumento prova sua existência; depois, porque nenhuma experiência a atesta; enfim, porque quero permanecer fiel ao mistério, ante o ser, o horror e a compaixão, ante o mal, a misericórdia ou o humor, ante a mediocridade (se Deus tivesse nos criado à sua imagem e absolutamente livres, seríamos imperdoáveis), enfim a lucidez, ante nossos desejos e nossas ilusões. São minhas razões, pelo menos as que mais me tocam e me convencem. Nem é preciso dizer que não pretendo impô-las a ninguém. Contento-me com reivindicar o direito de enunciá-las publicamente e submetê-las, como convém, à discussão.

O que é o fanatismo? É confundir a sua fé com um saber, ou querer impô-la à força (as duas coisas quase sempre se acompanham: dogmatismo e terrorismo se alimentam reciprocamente). Dupla falta: contra a inteligência e contra a liberdade. À qual devemos resistir duplamente: com a democracia, com a lucidez. A liberdade de consciência faz parte dos direitos do homem e das exigências do espírito.

A religião é um direito. A irreligião também. Logo devemos proteger ambas (inclusive uma contra a outra, se necessário), impedindo ambas de se imporem pela força. É o que se chama laicidade, a mais preciosa herança das Luzes. Hoje redescobrimos a fragilidade dessa herança. Mais uma razão para defendê-la, contra todo integrismo, e para transmiti-la aos nossos filhos.

A liberdade de espírito é talvez o único bem mais precioso que a paz. É que a paz, sem ela, não passa de servidão.

III
Que espiritualidade para os ateus?

Terminemos pelo mais importante, que não é Deus, pelo menos para mim, nem a religião, nem o ateísmo, mas a vida espiritual. Alguns se espantarão: "Você, um ateu, se interessando pela vida espiritual!" E daí? O fato de eu não crer em Deus não me impede de ter um espírito, nem me dispensa de utilizá-lo.

Podemos prescindir de religião, como mostrei no primeiro capítulo, mas não de comunhão, nem de fidelidade, nem de amor. Tampouco podemos prescindir de espiritualidade. Por que o deveríamos? Não é por ser ateu que vou castrar a minha alma! O espírito é uma coisa importante demais para ser abandonado aos padres, aos mulás ou aos espiritualistas. É a parte mais elevada do homem, ou antes, sua função mais elevada, que faz de nós outra coisa que um bicho, mais e melhor do que os animais que também somos. "O homem é um animal metafísico", dizia Schopenhauer, logo também é, acrescentarei, espiritual. É nossa maneira de habitar o universo ou o absoluto que nos habitam. Que coisa melhor, mais interessante, mais elevada podemos viver? Não crer em Deus não é um motivo para nos amputar de uma parte da nossa humanidade – ainda mais essa! Não ter religião não é um motivo para renunciar a toda vida espiritual.

Uma espiritualidade sem Deus?

O que é uma espiritualidade? É a vida do espírito. Mas o que é um espírito? "Uma coisa que pensa", respondia Descartes, "isto é, uma coisa que duvida, que concebe, que afirma, que nega, que quer, que não quer, que imagina também e que sente." Acrescentarei: que gosta, que não gosta, que contempla, que se lembra, que zomba ou graceja... Pouco importa que essa "coisa" seja o cérebro, como creio, ou uma substância imaterial, como acreditava Descartes. Nem por isso deixamos de pensar. Nem por isso deixamos de querer. Nem por isso deixamos de imaginar. O que é o espírito? É o poder de pensar, na medida em que tem acesso ao verdadeiro, ao universal ou ao riso. Provavelmente esse *poder* nada poderia sem o cérebro ou nem existiria. Mas o cérebro, sem esse poder, não passaria de um órgão como outro qualquer.

O espírito não é uma substância; é uma função, é um poder, é um ato (o ato de pensar, de querer, de imaginar, de fazer humor...), e esse ato, pelo menos, é incontestável – já que toda contestação o supõe. "O espírito não é uma hipótese", dizia Alain. É que só há hipóteses por e para um espírito.

Mas deixemos a metafísica. Em se tratando de espiritualidade, é muito mais a extensão da palavra "espírito" que levanta um problema. Tomando-a numa acepção tão ampla, a espiritualidade englobaria tudo, ou quase tudo, de uma vida humana: "espiritual" seria mais sinônimo de "mental" ou de "psíquico". Essa acepção, no registro que aqui nos interessa, não é mais de uso. Quando se fala de *espiritualidade*, hoje em dia, no mais das vezes é para designar uma parte no fim das contas restrita – embora, talvez, aberta para o ilimitado – da nossa vida interior: a que tem relação com o absoluto, o infinito ou a eternidade. É como que a ponta extrema do espírito, que também seria a sua amplitude maior.

Somos seres finitos abertos para o infinito, dizia eu no segundo capítulo. Posso acrescentar: seres efêmeros, abertos para a eternidade; seres relativos, abertos para o absoluto. Essa abertura é o próprio espírito. A metafísica consiste em pensá-la; a espiritualidade, em experimentá-la, exercê-la, vivê-la.

É o que distingue a *espiritualidade* da *religião*, que é uma das suas formas. Só se pode confundi-las por metonímia ou abuso de linguagem. É como o todo e a parte, o gênero e a espécie. Toda religião pertence, ao menos em parte, à espiritualidade; mas nem toda espiritualidade é necessariamente religiosa. Quer você acredite ou não em Deus, no sobrenatural ou no sagrado, de qualquer modo você se verá confrontado com o infinito, a eternidade, o absoluto – e com você mesmo. Para isso, basta a natureza. Para isso, basta a verdade. Nossa própria finitude transitória e relativa basta. Não poderíamos de outro modo nos pensar como relativos, nem como efêmeros, nem como finitos.

Ser ateu não é negar a existência do absoluto; é negar a sua transcendência, a sua espiritualidade, a sua personalidade – é negar que o absoluto seja Deus. Mas não ser Deus não é não ser nada! Senão, o que seríamos, e o que seria o mundo? Se se entender por "absoluto", é o sentido corrente da palavra, o que existe independentemente de qualquer condição, de qualquer relação ou de qualquer ponto de vista – por exemplo, o conjunto de todas as condições (a natureza), de todas as relações (o universo), que também engloba todos os pontos de vista possíveis ou reais (a verdade) –, não vejo como poderíamos negar sua existência: o conjunto de todas as condições é necessariamente incondicionado, o conjunto de todas as relações é necessariamente absoluto, o conjunto de todos os pontos de vista não é um ponto de vista.

É o que podemos chamar de naturalismo, de imanentismo ou de materialismo. Essas três posições metafísicas, sem serem sempre idênticas, convergem, no que diz respeito ao tema que nos ocupa e pelo menos negativamente, no essencial: elas rejeitam todo sobrenatural, toda transcendência, todo espírito imaterial (logo, também todo Deus criador). Eu faço minhas todas as três. A natureza é para mim o todo do real (o sobrenatural não existe), e existe independentemente do espírito (que ela produz, que não a produz). Decorre daí que tudo é imanente ao Todo (se designarmos assim, com uma maiúscula que é mais ditada pela convenção do que pela deferência, o conjunto de tudo o que existe ou acontece: o *tò pân* de Epicuro, a *summa summarum* de Lucrécio, a *Natureza* de Espinosa) e que não existe nada mais. Faz parte da definição de Todo que ele seja único (se houvesse vários, o Todo seria a sua soma). Ele não tem criador (como todo criador faz parte do Todo, não poderia criar o próprio Todo), sem exterior, sem exceção, sem finalidade. É o que podemos chamar de real – o conjunto dos seres e dos acontecimentos –, contanto que nele se inclua o poder de existir e de agir que os torna possíveis (o conjunto das causas, e não apenas dos efeitos). *Phýsis*, diziam os gregos, mais que *Kósmos*. Natureza, mais que mundo. Devir, mais que ordem. É a natureza de Lucrécio, mais ainda que a de Espinosa: livre, decerto, mas porque nada externo a governa (e não porque governaria conscientemente a si mesma), ao mesmo tempo incriada e criadora, casual tanto quanto necessária, sem pensamento, sem consciência, sem vontade – sem sujeito nem fim. Toda ordem a supõe; nenhuma a contém nem a explica. *Natura, sive omnia*: a natureza, isto é, tudo.

Longe de excluir a espiritualidade, isso a põe em seu lugar – que não é o primeiro no mundo, claro, mas sim o mais elevado no homem, pelo menos de certo ponto de vista.

Que a natureza existe antes do espírito que a pensa, disso estou convencido. É onde o naturalismo, para mim, leva ao materialismo. Mas nem por isso o espírito deixa de existir, ou antes, só isso permite que exista. Ser materialista, no sentido filosófico do termo, é negar a independência ontológica do espírito. Não é negar sua existência (porque, nesse caso, o próprio materialismo se tornaria impensável). O espírito não é a causa da natureza. É seu resultado mais interessante, mais espetacular, mais promissor – pois só há interesse, espetáculo e promessa para ele. A espiritualidade decorre daí, e ela não é outra coisa senão a vida, como se lê nas Escrituras, "em espírito e em verdade". Há aventura mais decisiva, mais preciosa, mais exigente? O fato de o espírito ser corporal não é uma razão para deixar de utilizá-lo, nem para condená-lo exclusivamente às tarefas subalternas! Um cérebro não serve apenas para ler um mapa rodoviário ou para fazer compras pela internet.

A palavra "absoluto" incomoda você? Eu compreendo: eu próprio a evitei por muito tempo. Aliás, nada impede que você prefira outra. "O ser"? "A natureza"? "O devir"? Com ou sem maiúscula? Cada qual com o seu vocabulário, e não conheço nenhum que não tenha defeitos. Como quer que seja, o Todo, por definição, não tem outro. De que poderia ele depender? A que poderia ser relativo? De onde poderia ser visto? É o que se chama tradicionalmente de absoluto ou incondicionado: o que não depende de nada mais que de si mesmo, o que existe independentemente de toda relação, de toda condição, de todo ponto de vista. O fato de só termos acesso a ele relativamente não impede que ele nos contenha. O fato de tudo, no Todo, ser relativo e incondicionado, como creio, não implica que o próprio Todo o seja – e, aliás, se for mesmo o Todo, exclui que o seja. O conjunto de todas as relações, de todas as condições e de todos os pontos de vista é necessariamente absoluto, incondicionado e invisível. Como não existiria, se nada, nele, poderia existir? É o que chamo, gracejando, de prova *pan-ontológica*: a totalidade do que existe, existe necessariamente.

Falar de uma espiritualidade sem Deus não é, por conseguinte, nada contraditório. No Ocidente, isso às vezes surpreende. Como a única espiritualidade socialmente observável, em nossos países, foi durante séculos uma religião (o cristianismo), acabou-se acreditando que "religião" e "espiritualidade" eram sinônimos. Nada disso! Basta recuar um pouco, tanto no tempo (especialmente para a época das sabedorias gregas) como no espaço (por exemplo, na direção do Oriente budista ou taoísta), para descobrir que existiram, que existem ainda, imensas espiritualidades que não eram ou não são religiões, em todo caso no sentido ocidental do termo (como crença num ou em vários deuses), nem, talvez, inclusive em seu sentido mais geral (como crença no sagrado ou no sobrenatural). Se tudo é imanente, o espírito também é. Se tudo é natural, a espiritualidade também é. Isso, longe de vedar a vida espiritual, torna-a possível. Estamos no mundo e somos do mundo: o espírito faz parte da natureza.

Mística e mistério

Que espiritualidade para os ateus? Repensando nas três virtudes teologais da tradição cristã, eu responderia: uma espiritualidade da fidelidade e não da fé, da ação e não da esperança (sim, a ação pode se tornar um exercício espiritual: é o caso do trabalho, nos mosteiros, ou das artes marciais, no Oriente), enfim do amor, evidentemente, e não do temor ou da submissão. Trata-se menos de crer do que de comungar e transmitir, menos de esperar do que de agir, menos de obedecer do que de amar. Mas isso, que era o objeto do primeiro capítulo, pertence à espiritualidade apenas no sentido mais amplo do termo, que dela faz quase um sinônimo de "ética" ou de "sabedoria". Isso concerne menos à nossa relação com o absoluto, o infinito ou a eternidade do que à nossa relação com a humanidade, a finitude e o tempo. Se eu pegar agora a palavra "espiritualidade" em seu sentido estrito, teremos de ir mais longe, ou mais alto: a vida espiritual, em sua ponta extrema, toca na mística.

Também nesse caso, levei muito tempo para aceitar essa última palavra, que me parecia demasiado religiosa ou demasiado irracional para não ser suspeita. Depois, tive de reconsiderar minha posição: é a única palavra, no caso, que convém. A leitura, muitas vezes repetida, do *Tractatus logico-philosophicus* de Wittgenstein ajudou-me a me familiarizar com ela. Nele pode-se ler, por exemplo: "O indizível seguramente existe. Ele se mostra, é o místico." Isso tornou os místicos mais próximos de mim, e Espinosa mais concebível. E esclareceu-me, principalmente, sobre a minha própria experiência.

Falei primeiro, como Martial Gueroult a propósito de Espinosa, de um "misticismo sem mistério". Era uma derradeira prudência, à qual finalmente tive de renunciar. E, nem é preciso dizer, não apenas por razões etimológicas. Claro, em *místico* há *mistério*. Mas não passam de palavras, e as palavras não provam nada. É no mundo que o mistério é maior. É no espírito, a partir do momento em que ele se interroga ou se desacostuma com o cotidiano. Mistério de quê? Mistério do ser: mistério de tudo! Wittgenstein, aqui também, encontrou as palavras exatas: "Não é *como* é o mundo que é místico, mas *que ele exista*." É sempre a questão do ser ("Por que há alguma coisa em vez de nada?"), só que não é mais uma questão. Uma resposta? Também não. Mas sim uma experiência, mas sim uma sensação, mas sim um silêncio. Digamos que é a experiência que corresponde, na mística, ao que essa questão exprime na metafísica. Experiência do ser, por trás da banalidade dos entes (como diria um heideggeriano). Experiência do mistério, por trás da transparência fingida das explicações.

Na maioria das vezes, passamos ao largo: somos prisioneiros das falsas evidências da consciência comum, do cotidiano, da repetição, do já conhecido, do já pensado, da familiaridade suposta ou comprovada de tudo, em suma, da ideologia ou do hábito... "Desencanto com o mundo", dizem volta e meia. É que esqueceram de olhar para ele ou porque o substituíram por um discurso. E aí, de repente, no meio de uma meditação ou de um passeio, aquela surpresa, aquele deslumbramento, aquela admiração, aquela evidência: existe alguma coisa, em vez de nada! Essa alguma coisa *não tem por quê*, como a rosa de Angelus Silesius ("A rosa não tem por quê, floresce por florescer, consigo não se preocupa, vista ela não quer ser"), já que todo *porquê* o supõe. *Causa sui*, dizem os filósofos: causa de si. É designar o mistério, sem dissolvê-lo. O silêncio, diante do real, soa melhor. Silêncio da sensação. Silêncio da atenção (Simone Weil: "A atenção absolutamente pura é prece"; mas não se dirige a ninguém e não pede nada). Silêncio da contemplação. Silêncio do real. É o espírito dos haicais: "Eles não falam, o anfitrião, o convidado e o crisântemo branco." É o espírito dos mestres zen (a "meditação silenciosa e sem objeto"). Não há mais que a consciência: não há mais que a verdade. "A meditação é o silêncio do pensamento", dizia Krishnamurti. É "libertar-se do conhecido", como ele também dizia, para alcançar o real.

Todas as nossas explicações são palavras; é o domínio das ciências e da filosofia. Não se trata de renunciar a elas. Como, senão, eu escreveria um livro? Mas não se trata tampouco de esquecer o silêncio que todas as nossas explicações encobrem, que as contém e que elas não contêm. Silêncio do inexplicável, do inexprimível (a não ser indiretamente), do insubstituível. Aquilo, de que falam todos os nossos discursos, e que não é um. Não o Verbo, mas o silêncio. Não o sentido, mas o ser. É o domínio da espiritualidade ou da mística, quando escapam da religião. O ser é mistério, não porque seria oculto ou ocultaria alguma coisa, mas porque a evidência e o mistério são uma só e mesma coisa – porque o mistério é o próprio ser!

A imanensidade

Estamos dentro – no âmago do ser, no âmago do mistério. Espiritualidade da imanência: tudo está aí, e é o que se chama de universo.

Finito? Infinito? Não sabemos. Não podemos saber. A questão, para os físicos, permanece aberta. Como poderiam encerrá-la, aliás, já que eles não sabem se o universo é o Todo (se o universo que eles estudam é o único, ou então, se existem outros, ou até uma infinidade: o Todo, que eles às vezes chamam de *multiverso*, seria a soma deles)? Quanto aos metafísicos, eles se opõem a esse respeito há séculos. É uma das antinomias insolúveis, mostra Kant, na qual a razão necessariamente se encalacra, quando pretende conhecer o absoluto. As ciências e o universo nem por isso deixam de continuar.

De um ponto de vista espiritual, a aposta não é considerável – a não ser, precisamente, por essa ignorância em que nos encontramos. A espiritualidade (é o que a distingue da metafísica) é mais do domínio da experiência que do pensamento. Ora, se temos uma *idéia* do infinito, não temos nenhuma *experiência* dele. Temos uma experiência do desconhecido (saber que não sabemos), a qual faz parte da espiritualidade (é o que chamo de mistério). Mas também, e primeiramente, e sobretudo, experimentamos a imanência e a imensidade – o que eu chamaria de bom grado, à maneira do poeta Jules Laforgue, a *imanensidade*. Estamos no Todo, e ele, finito ou não, nos excede por toda parte: seus limites, se os há, estão para nós definitivamente fora de alcance. Ele nos envolve. Ele nos contém. Ele nos supera. Uma transcendência? Não, já que estamos dentro. Mas uma imanência inesgotável, indefinida, nos limites ao mesmo tempo incertos e inacessíveis. Estamos nela: a imensidade nos carrega; nós habitamos, como diz uma canção de Marc Wetzel, "o todo-distante".

É o que cada um pode sentir, de noite, vendo as estrelas. Só é preciso um pouco de atenção e de silêncio. Basta a noite estar escura e clara, estarmos no campo em vez de na cidade, apagar as luzes, levantar a cabeça, dar-se o tempo de olhar, de contemplar, de se calar... A escuridão, que nos separa do mais próximo, nos abre ao mais distante. Não enxergamos cem passos à nossa frente. Vemos, mesmo a olho nu, a milhares de quilômetros. Aquela esteira esbranquiçada ou opalescente? A Via Láctea, nossa galáxia, pelo menos aquela de que fazemos parte: algumas centenas de bilhões de estrelas, a mais próxima da qual, tirante nosso Sol, está a trinta trilhões de quilômetros... Aquele ponto brilhante? Sirius, a 8 anos-luz, isto é, oitenta trilhões de quilômetros. Aquela mancha luminosa quase imperceptível, ali, perto do Quadrado de Pégaso? A nebulosa de Andrômeda, uma outra galáxia (há bilhões, cada uma composta de bilhões de estrelas), que se encontra a dois milhões de anos-luz, ou seja, uns vinte quintilhões de quilômetros! De noite, toda escala muda. O Sol, enquanto brilhava, criava como que uma prisão de luz para nós, que é o mundo – *nosso* mundo. E eis que a escuridão, quando a noite está clara, nos abre para a luz do céu, que é o universo. Mal posso perceber o solo em que ando. Mas percebo, melhor do que em pleno dia, o inacessível que me contém.

 Experiência banal, experiência familiar? Sim, mas que é ainda mais perturbadora, quando nos permitimos mergulhar nela, nos abandonar nela, nos perder nela. O mundo é nosso lugar; o céu, nosso horizonte; a eternidade, nosso cotidiano. Isso me comove mais que a Bíblia ou o Corão. Isso me espantaria mais que os milagres, se eu acreditasse neles. Andar em cima das águas, que insignificância perto do universo!

 Até os crentes, diante de um espetáculo assim, não podem permanecer insensíveis. Pascal, com a genialidade que lhe é própria, com a sensibilidade que lhe é própria, soube exprimi-lo como convém:

> Quando considero a pequena duração da minha vida, absorvida na eternidade precedente ou seguinte, o pequeno espaço que preencho e, inclusive, que vejo, abismado na infinita imensidão dos espaços que ignoro e que me ignoram, eu me aterrorizo e me espanto com me ver aqui, em vez de lá; porque não há razão de por que aqui e não lá, de por que agora em vez de então. Quem me pôs aqui? Por ordem e direção de quem este lugar e este tempo foram destinados a mim?

Suprimamos – por exceder nosso saber e nossa experiência – o adjetivo "infinita" desse fragmento. A experiência vivida, que é a da imanência e da imensidade, continua sendo a mesma (já que o infinito, como tal, não poderia ser objeto de experiência), e é essa experiência, primeiro, que toca a espiritualidade. O universo está aí, ele nos envolve, ele nos excede: ele é tudo, e nós não somos quase nada. Pascal vê nisso uma fonte de inquietude. Vejo, de minha parte, um oceano de paz, pelo menos quando mais sinto do que penso ("Quem pensa não percebe; quem percebe não pensa", dizem os mestres zen). Estamos no universo: fazemos parte do Todo ou da natureza. E é contemplando essa imensidade que nos contém que melhor tomamos consciência, por diferença, da nossa pequenez. Ferida narcísica? Se quiserem. Mas que faz crescer a alma – porque o ego, enfim posto de volta em seu lugar, pára de ocupá-la por inteiro.

O argumento é tradicional; mas é menos um argumento, aqui também, que uma experiência: experiência da imensidade da natureza, logo também da nossa pequenez. Marco Aurélio, citando Platão, servia-se dela para afugentar o medo da morte:

– Crês que um homem dotado de grandeza d'alma, a quem é dado contemplar todos os tempos e todos os seres, possa olhar a vida humana como uma coisa grandiosa?
– Impossível.
– Logo, ele não verá na morte nada de terrível.

Isso vai muito além de um pensamento consolador. Marco Aurélio quer muito menos nos tranqüilizar do que nos ajudar a crescer, muito menos nos consolar do que nos libertar. O eu é uma prisão. Tomar consciência da sua pequenez (o que, em Marco Aurélio, é a característica da grandeza d'alma) já é sair dela. É por isso que a experiência da natureza, em sua imensidade, é uma experiência espiritual – porque ela ajuda o espírito a se libertar, ao menos em parte, da pequena prisão do eu.

Terror? É a palavra usada por Pascal. É a sensibilidade de Pascal, que também se exprime em outro fragmento dos *Pensamentos*, talvez o mais célebre de todos, sem dúvida um dos mais belos, certamente um dos mais curtos: "*O silêncio eterno desses espaços infinitos me aterroriza.*" É Pascal que fala em seu próprio nome, que se confia, que treme no escuro? Ou é um libertino que ele faz falar, que ele se propõe tranqüilizar pela religião? Os comentadores debateram sobre isso por muito tempo. A verdade é que não se pode saber. De resto, as duas hipóteses não são incompatíveis. Há em Pascal um prosélito, é seu aspecto menor. Mas há também um homem excepcional, um dos maiores que já existiu – pela inteligência, pela lucidez, pela penetração. Este fala a todos, crentes ou não. Aquele é um mestre – porém mais um mestre de pensamento do que de vida. A universalidade do seu gênio não impede que ele tenha seu temperamento próprio, tão facilmente voltado para a angústia ou para a vertigem. Não podemos nos impedir de admirá-lo. Não somos obrigados a acompanhá-lo.

A cada qual seu caminho. A serenidade também não é meu forte. Mas não é o universo que me angustia, nem o espaço, nem o infinito, ou o que parece sê-lo, nem a eternidade, nem o silêncio... Ao contrário, tudo me angustia, eu diria até, em todo caso tudo pode me angustiar, salvo o próprio Todo, que me tranqüiliza. Questão de sensibilidade, creio eu, muito mais que de doutrina. Questão de escala ou de distância. Não me gabo das minhas angústias, elas são quase todas egoístas, em todo caso egocentradas; só tenho medo por mim ou pelos que amo – por mim e meus próximos. É por isso que o longínquo me faz bem: ele põe minhas angústias à distância. A contemplação da imensidade, que torna o ego irrisório, torna o egocentrismo em mim, logo também a ansiedade, um pouco menos fortes, um pouco menos oprimentes, a ponto de, às vezes, parecer anulá-los por alguns instantes. Que calma, de repente, quando o ego se retira! Não há mais que tudo (com o corpo aí dentro, maravilhosamente dentro, como que restituído ao mundo e a si mesmo); não há mais que o imenso *há* do ser, da natureza, do universo, e mais ninguém em nós para ter medo, nem mesmo para ser tranqüilizado ou, pelo menos, mais ninguém, nesse instante, nesse corpo, para se preocupar com o medo ou a segurança, a angústia ou o perigo... É o que os gregos chamavam de *ataraxía* (ausência de perturbações), o que os latinos traduziram por *pax* (a paz, a serenidade), mas de início não é uma palavra (Krishnamurti: "A palavra 'tranqüilidade' não é a tranqüilidade"), nem um conceito: é uma experiência, que só tem por objeto, ou permeia, o eu na medida em que dele se liberta.

Todo ego é aterrorizado, sempre. É o que dá razão a Pascal, na medida em que o ego nos separa do real e que lhe tira a razão, quando o ego se dissolve – provisoriamente – parando de se separar. Noite clara: "noite serena", como diz Lucrécio, noite luminosa e doce. Que peso têm nossas preocupações diante da Via Láctea? Isso não as anula (o que poderia?), mas as torna mais suportáveis, se não forem atrozes demais, mais aceitáveis (sim: abertas ao olhar e à ação), mais corriqueiras, mais leves... O silêncio eterno desses espaços infinitos me tranqüiliza.

O "sentimento oceânico"

No fundo, é o que Freud, fazendo sua uma expressão de Romain Rolland, chama de "sentimento oceânico". Ele o descreve como "um sentimento de união indissolúvel com o grande Todo e de pertencimento ao universal". Como a onda ou a gota d'água no oceano... Na maioria das vezes, não passa, de fato, de um *sentimento*. Mas às vezes é uma experiência, e perturbadora, o que os psicólogos americanos chamam hoje em dia de um *altered state of consciousness*, um estado alterado de consciência. Experiência de quê? Experiência da unidade, como diz Swami Prajnanpad: é sentir-se em unidade com o todo.

Esse sentimento "oceânico" não tem, em si, nada de propriamente religioso. Pelo que dele vivi, tenho até a impressão oposta: quem se sente "em unidade com o Todo" não precisa de outra coisa. Um Deus? Para quê? O universo basta. Uma Igreja? Inútil. O mundo basta. Uma fé? Para quê? A experiência basta.

É claro que é possível que essa experiência possa ser dita em termos religiosos, quando ela cai, por assim dizer, num crente. Mas não é necessário. No belo livro que consagrou ao que chama de "a mística selvagem" (a experiência mística espontânea de indivíduos comuns, que não são classificados como "místicos", no sentido tradicional do termo), Michel Hulin reproduz vários depoimentos que descrevem esse estado. Embora vindos de indivíduos muito diferentes, crentes ou não, na maioria das vezes são convergentes. Encontramos neles a mesma subitaneidade, o mesmo sentimento de que "tudo está ali", a mesma eternidade presente, a mesma plenitude, o mesmo silêncio ("o intelecto é posto fora de jogo", nota Michel Hulin), a mesma alegria indescritível e exuberante... Por exemplo, citadas em *La Mystique sauvage* [A mística selvagem] (PUF, 1993), estas linhas de Marius Favre: "Era eu aspirado pelo universo ou o universo é que penetrava em mim? Essas expressões não têm sentido, no caso, pois as fronteiras entre meu corpo e o mundo se dissipavam, ou antes, pareciam ter sido uma alucinação da minha razão, que derretia com o fogo da evidência... Tudo estava ali, mais presente que nunca..." Ou as palavras, sempre citadas por Michel Hulin, de Richard Jefferies: "A eternidade está aqui, agora. Estou dentro dela. Ela está em torno de mim no brilho do sol. Estou nela como a borboleta que flutua no ar saturado de luz. Nada está por vir. Tudo já está aqui. Agora a eternidade. Agora a vida imortal. Aqui, neste instante, perto deste sepulcro, agora, vivo nela..." Ou ainda estas, de Margaret Montague: "Não vi nenhuma coisa nova, mas vi todas as coisas costumeiras numa luz nova e milagrosa, no que, creio eu, é a verdadeira luz delas. Percebi o extravagante esplendor, a alegria, desafiando qualquer tentativa de descrição minha, da vida em sua totalidade. Cada um dos seres humanos que atravessavam a varanda, cada pardal em seu vôo, cada ramo oscilando ao vento eram parte integrante do todo, como que colhido nesse louco êxtase de júbilo, de significação, de vida inebriada. Vi essa beleza presente em toda parte... Pelo menos uma vez, no meio dessa monotonia dos dias da minha vida, terei enxergado o âmago da realidade, terei sido testemunha da verdade." Espertinho quem, lendo essas evocações, pretendesse saber se a sua autora crê ou não em Deus! As experiências que relatam não decorrem de nenhuma teologia particular, de nenhuma crença particular, nem confirmam ou refutam nenhuma. É o que lhes dá força – porque estão mais próximas do que cada um pode viver, quaisquer que sejam suas convicções religiosas ou irreligiosas.

Existe aliás um outro texto, que Michel Hulin não cita, que sempre me pareceu ir no mesmo sentido e que se situa, desta vez, num clima espiritual claramente ateu. É verdade que se trata de um romance, mas não duvido que seu autor, independentemente da ficção, também fale com experiência própria. Trata-se do fim, tão belo, tão comovente, de *O estrangeiro*, de Albert Camus. Lembre-se de que se trata de um condenado à morte, na véspera da sua execução: "A maravilhosa paz desse verão adormecido entrava em mim como uma onda do mar... Esvaziado de esperança, diante dessa noite carregada de sinais e de estrelas, eu me abria pela primeira vez à terna indiferença do mundo. Ao experimentá-la tão parecida comigo, tão fraterna, enfim, senti que eu havia sido feliz e que ainda era." Essas "núpcias com o mundo", como Camus diz em outra passagem, decorrem sem dúvida de uma experiência espiritual, mas que se vive por inteiro na imanência. Nada a esperar. Nada em que crer. A felicidade? É muito, ou pouco, para dizer uma experiência que supera o âmbito da psicologia corrente. É como se não houvesse nada mais que a verdade, que seria o mundo, nada mais que a consciência, mas que seria verdadeira. "Quando sou mais verdadeiro do que quando existo no mundo?", pergunta-se Camus em *O reverso e o verso*. E ele acrescenta, à guisa de resposta: "Sinto-me saciado antes de ter desejado. A eternidade está aqui e eu a esperava. Já não é ser feliz que desejo agora, mas somente ser consciente." Absurdo? Não é mais essa a questão. É que não há mais nenhuma *questão*. O absurdo é apenas um ponto de partida, que deságua, em Camus, numa política da revolta e numa ética do amor, mas também, e talvez sobretudo, numa mística do silêncio e da imanência.

Experiências comparáveis são vividas em todos os continentes, em climas intelectuais e espirituais bem diferentes, e isso torna ainda mais espetaculares as convergências entre os relatos que se fizeram delas. O "sentimento oceânico" não pertence a nenhuma religião, a nenhuma filosofia, e é melhor que seja assim. Não é um dogma, nem um ato de fé. É uma experiência.

A perplexidade de Freud ante o testemunho de Romain Rolland é maior ainda justamente por isso. Porque Freud reconhece jamais ter experimentado esse estado, freqüentemente vivido como uma revelação. Sabe-se que Freud era o contrário de um místico. Numa carta a Romain Rolland, escrita em julho de 1929, podemos ler estas duas frases, em que é difícil não perceber como que um certo pesar: "Como me são estranhos os mundos em que você evolui! A mística é tão fechada para mim quanto a música." É por isso que, talvez, ele dê tamanha importância ao depoimento do seu "amigo venerado". Resta, para permanecer fiel a si mesmo, interpretá-lo em termos psicanalíticos, nem que seja para pô-lo à distância (para "afastá-lo do meu caminho", escreve Freud). É esse o objeto das primeiras páginas do *Mal-estar na civilização*. Nesse "sentimento oceânico", Freud enxerga a expressão de um "narcisismo ilimitado", que ele relaciona a "uma fase primitiva do sentimento do eu", anterior, no bebê, à cisão entre o eu e o mundo exterior. Pode ser. Isso poderia explicar que muita gente, para descrever esses estados, tenha falado de uma experiência de amor (no sentido do amor recebido, não do amor sentido ou dado). Amor a si? Amor à mãe? Regressão intra-uterina? Projeção narcísica? Ou, como escreverá Freud em 1938, a propósito do misticismo, "obscura autopercepção, além do Ego, do reinado do Id"? Tudo é possível. Tudo é incerto. De minha parte, já que cada um só pode falar, nesse caso, da sua experiência pessoal, nunca vivi nada semelhante: o universo sempre me pareceu indiferente a tudo, isto é, a si mesmo – sem amor, sem ódio, sem afetos. Feliz de mim por poder amá-lo (já que é a própria felicidade). Mas por que ele me amaria? A natureza não é nossa mãe. Ainda bem. Basta uma mãe na vida de um homem.

Esse sentimento oceânico, tal como Romain Rolland ou Freud o descrevem, mesmo assim não me é desconhecido. Essa "sensação de eternidade, de algo sem limites, de ausência de fronteira", como diz Freud, essa impressão de segurança extrema, inclusive ante o perigo (a certeza de que "não se pode cair fora do mundo"), esse sentimento de estar "em unidade com o Todo"... Sim, isso eu vivi, como muitos de nós, e depois disso nunca vivi nada mais forte, nem mais deleitável, nem mais perturbador, nem mais tranqüilizador. Um êxtase? Não é a palavra que eu utilizaria: não havia mais um *fora* a que eu pudesse me agarrar. É antes um *ênstase*: a experiência de uma interioridade (mas que me contém e que eu não contenho), de uma imanência, de uma unidade, de uma imersão, de um *dentro*. Uma visão? Não, em todo caso, no sentido em que se costuma entendê-la. Nunca vivi nada mais simples. Nunca vivi nada mais natural. Um mistério? Sem dúvida, mas indissociável de uma evidência. Uma revelação? Se você quiser. Mas sem mensagem nem segredo.

Uma experiência mística

Da primeira vez, foi numa floresta do norte da França. Eu tinha vinte e cinco ou vinte e seis anos. Ensinava filosofia, era meu primeiro colégio, numa cidadezinha perdida no meio do campo, à beira de um canal e de uma floresta, não longe da Bélgica. Naquela noite, depois do jantar, fui passear com uns amigos, como tantas vezes, naquela floresta de que tanto gostávamos. Era noite. Caminhávamos. Os risos pouco a pouco cessaram; as palavras tornavam-se raras. Restava a amizade, a confiança, a presença compartilhada, a doçura daquela noite e de tudo... Eu não pensava em nada. Eu olhava. Eu escutava. A escuridão da floresta em volta. A incrível luminosidade do céu. O silêncio rumoroso da floresta: alguns estalos das ramagens, alguns gritos de animais, o ruído surdo dos nossos passos... Isso tornava o silêncio mais audível ainda. E de repente... O quê? Nada: tudo! Nenhum discurso. Nenhum sentido. Nenhuma interrogação. Apenas uma surpresa. Apenas uma evidência. Apenas uma felicidade que parecia infinita. Apenas uma paz que parecia eterna. O céu estrelado acima de mim, imenso, insondável, luminoso, e nada mais em mim além daquele céu, de que eu fazia parte, nada mais em mim além daquele silêncio, daquela luz, como que uma vibração feliz, como que uma alegria sem sujeito, sem objeto (sem outro objeto, a não ser tudo; sem outro sujeito, a não ser ela mesma), nada mais em mim, na noite escura, além da deslumbrante presença de tudo! Paz. Imensa paz. Simplicidade. Serenidade. Alegria. Estas duas últimas palavras parecem contraditórias, mas não eram palavras, era uma experiência, era um silêncio, era uma harmonia. Aquilo era como uma *fermata*, mas eterna, num acorde perfeitamente afinado, que seria o mundo. Eu me sentia bem. Eu me sentia espantosamente bem! Tão bem que não sentia mais a necessidade de dizer isso a mim, nem mesmo o desejo de que aquilo continuasse. Não mais palavras, não mais carência, não mais espera: puro presente da presença. Mal posso dizer que passeava: não havia nada mais que o passeio, que a floresta, que as estrelas, que nosso grupo de amigos... Não mais *ego*, não mais separação, não mais representação: nada além da apresentação silenciosa de tudo. Não mais juízos de valor: nada além do real. Não mais tempo: nada além do presente. Não mais nada: nada além do ser. Não mais insatisfação, não mais ódio, não mais medo, não mais cólera, não mais angústia: nada além da alegria e da paz. Não mais comédia, não mais ilusões, não mais mentiras: nada além da verdade que me contém, que eu não contenho. Durou talvez alguns segundos. Eu estava ao mesmo tempo perturbado e reconciliado, perturbado e mais calmo que nunca. Distanciamento. Liberdade. Necessidade. O universo enfim restituído a si mesmo. Finito? Infinito? A questão não se colocava. Não havia mais questões. Como haveria respostas? Havia tão-somente a evidência. Havia tão-somente o silêncio. Havia tão-somente a verdade, mas sem frases. Tão-somente o mundo, mas sem significação nem finalidade. Tão-somente a imanência, mas sem contrário. Tão-somente o real, mas sem outro. Nada de fé. Nada de esperança. Nada de promessa. Havia tão-somente tudo, e a beleza de tudo, e a verdade de tudo, e a presença de tudo. Isso bastava. Isso era muito mais que bastante! Aceitação, mas jubilosa. Quietude, mas estimulante (sim: era como que uma inesgotável coragem). Descanso, mas sem cansaço. A morte? Não era nada. A vida? Não era nada mais que essa palpitação, em mim, do ser. A salvação? Não era nada mais que uma palavra, ou então era aquilo mesmo. Perfeição. Plenitude. Beatitude. Que alegria! Que felicidade! Que intensidade! Digo comigo mesmo: "É isso que Espinosa chama de eternidade..." Esse pensamento, como se pode imaginar, a fez cessar, ou antes, me expulsou dela. As palavras retornavam, e o pensamento, e o ego, e a separação... Não tinha importância: o universo continuava lá, e eu com ele, e eu dentro dele. Como poderíamos cair fora do Todo? Como a eternidade poderia terminar? Como as palavras poderiam sufocar o silêncio? Vivi um momento perfeito – o bastante para saber o que é a perfeição. Um momento feliz – o bastante para saber o que é a beatitude. Um momento de verdade – o bastante para saber, mas por experiência própria, que ela é eterna.

"Sentimos e experimentamos que somos eternos", escreve Espinosa na *Ética* – não que *seremos*, depois da morte, mas que *somos*, aqui e agora. Pois bem: eu havia sentido e experimentado isso, de fato, e isso causou em mim como que uma revelação, mas sem Deus. Foi o mais belo momento que vivi, o mais regozijante, o mais sereno, e o mais evidentemente espiritual. Como as preces da minha infância ou da minha adolescência, em comparação, me parecem irrisórias! Palavras demais. Ego demais. Narcisismo demais. O que vivi naquela noite e o que outras vezes tive ocasião de viver ou de me aproximar foi, antes, o contrário: como que uma verdade sem palavras, como que uma consciência sem ego, como que uma felicidade sem narcisismo. Intelectualmente, não vejo nisso nenhuma prova do que quer que seja; mas não posso tampouco fazer como se isso não houvesse acontecido.

Juntei-me novamente aos meus amigos, que eu havia deixado se distanciarem um pouco. Não lhes disse nada sobre o que havia vivido. Tivemos de voltar. Minha vida seguiu seu curso como antes, ou melhor, continuou a segui-lo. Deixei a eternidade continuar sem mim... Não sou dos que sabem habitar duradouramente o absoluto. Mas, enfim, ele tinha me habitado, no lapso de um instante. Eu havia compreendido enfim o que era a salvação (ou a beatitude, ou a eternidade: pouco importam as palavras, já que não se trata mais de discurso), ou antes, eu a tinha provado, sentido, *experimentado*, e isso agora me dispensa de buscá-la.

Tais experiências se reproduziram às vezes, aliás cada vez mais raramente (alguns anos mais tarde, compreendi por que os grandes místicos em geral não têm filhos: é que nossos filhos nos prendem a eles, por amor demais, ou passional demais, por angústias demais, por preocupações demais, apartando-nos assim do absoluto, ou melhor, vedando-nos habitá-lo, simplesmente), sem que isso me faça falta ou me perturbe muito. Aliás, alguma coisa, em minha relação com o tempo, foi alterada por elas, como que apaziguada (sim, mesmo em plena angústia), como que purificada, como que libertada.... Certa abertura para o presente, para o tempo que passa e fica, para a eternidade do devir, para a impermanência perene de tudo... Essas experiências, excepcionais embora, modificaram minha vida cotidiana e tornaram-na mais feliz (nos bons dias) ou menos pesada. Elas transformaram duradouramente minha relação com o mundo, com os outros, comigo mesmo, com a arte (que eternidade, às vezes, em Vermeer ou Mozart!), com a filosofia, com a espiritualidade... Nunca me considerei um místico, muito menos um sábio. Levei mais tempo pensando a eternidade – por exemplo, comentando o livro V da *Ética* de Espinosa – do que vivendo-a. É o que se chama um filósofo. Não há ofício desprezível. Mas, enfim, daí em diante eu sabia de que falava – em minhas aulas, depois em meus livros –, de que falavam Epicuro, Espinosa ou Wittgenstein (os "bens imortais" do primeiro, o "*sub specie aeternitatis*" do segundo, a "vida eterna" do terceiro), de que falavam Lao-tsé ou Nagarjuna, Krishnamurti ou Prajnanpad (que eu ainda não tinha lido), de que falam quase todos os sábios, em todos os países, em todas as línguas, e que não é de um discurso, mas de um silêncio.

Falar do silêncio?

É preciso, no entanto, tentar dizer alguma coisa, apesar de Lao-tsé e Wittgenstein, ou antes, com eles.

"O Tao que se deixa expressar não é o Tao de sempre", dizia o primeiro. Sem dúvida, pois "Tao" não passa de um nome, enquanto o Tao (o absoluto) "não tem nome". Mais uma razão, é o que confirma a existência do *Tao-te-king*, para procurar dizer – com palavras, não há outro modo – o que não é um discurso, nem uma palavra.

"Aquilo de que não se pode falar", escreve o segundo, "tem de se calar." Que seja. Mas de que não se pode falar? O fato de um objeto ser silencioso não prova que seja indizível. Uma pedra não diz nada; isso não impede que se diga dela algo verdadeiro. Toda sensação é muda (*álogos*, dizia Epicuro); isso não impede (ao contrário, possibilita) de apoiarmos nela nossas palavras. Que conhecimento poderia existir, senão? Que testemunho, senão? O fato de a verdade não ser um discurso não impede que um discurso seja verdadeiro.

Aliás, mesmo que o absoluto fosse indizível, isso não provaria que a experiência, que o visa ou o encontra, o seja. Veja nossos poetas, nossos artistas, nossos místicos. Por que o filósofo não poderia tentar segui-los? Como, inclusive, poderia se dispensar de segui-los? Pensar o todo da experiência humana, como lhe cabe fazer, também é pensar – relativamente, é claro – nossa relação com o absoluto. Dizer o indizível? Talvez nunca tenhamos dito outra coisa. Falar do silêncio? Por que não? É melhor do que só falar do discurso.

"A idéia de círculo não é redonda", dizia Espinosa, "o conceito de cão não late." O conceito de silêncio, do mesmo modo, não é silencioso, assim como o conceito de absoluto não é absoluto. E daí? É isso que permite falar do seu objeto (o silêncio, o absoluto, e não seus conceitos), claro que com palavras e relativamente. Não é mais paradoxal do que enunciar sobre um cão outra coisa que latidos. O que podemos calar, e somente isso, também podemos dizer.

Tentemos.

Se eu me esforço, retrospectivamente, de tirar algumas lições do que vivi, nessas raras experiências, e também do que li, nos místicos (sobretudo orientais) como nos filósofos (sobretudo ocidentais), parece-me que esse "estado modificado de consciência" que é a experiência mística se caracteriza por um certo número de suspensões ou de parênteses. Já evoquei de passagem várias delas, mas é sem dúvida útil, para terminar, fazer uma enumeração ao mesmo tempo sucinta e não muito incompleta.

O mistério e a evidência

Primeiro, portanto (mas esse "primeiro" só vale para a exposição, necessariamente sucessiva, não para a experiência em si, que é toda ela de simultaneidade), a suspensão ou a colocação entre parênteses da familiaridade, da banalidade, da repetição, do já conhecido, do já pensado, das falsas evidências da consciência comum. É como se de repente tudo fosse novo, singular, estranho, surpreendente, não irracional, claro, mas inexplicável ou incompreensível, como que além de toda razão (a razão faz parte disso: como poderia contê-lo?). Foi o que chamei de *mistério*.

Depois, ou antes, ao mesmo tempo, a suspensão ou a colocação entre parênteses das interrogações, das questões, dos problemas – não por estarem resolvidos, mas por não se colocarem mais. Por que há algo em vez de nada? A pergunta desapareceu: não há mais que a resposta, que não é uma (já que não há mais pergunta). Não há mais que o ser. Não há mais que o real. É o que chamei de *evidência*. Woody Allen, num dos seus aforismos, aproximou-se humoristicamente disso: "A resposta é sim. Mas qual pode ser a pergunta?" Não há pergunta; é por isso que a resposta é sempre *sim*, o que não é uma resposta mas uma constatação (em nós) ou uma presença (em tudo). Mistério do ser: evidência do ser. As duas coisas constituem uma só. É por isso que o mistério não é um problema, nem a evidência uma solução. Wittgenstein, aqui, tem as fórmulas mais justas: "A solução do enigma é que não há enigma. [...] Percebemos a solução do problema da vida ao desaparecimento desse problema."

O mistério e a evidência são uma só coisa, e essa coisa é o mundo. Mistério do ser: luz do ser.

Plenitude

Outra colocação entre parênteses: a suspensão da carência. É uma experiência totalmente excepcional. Normalmente, passamos o tempo correndo atrás de alguma coisa que não temos, que nos faz falta, que gostaríamos de obter ou possuir... É o que Lucrécio havia percebido: "Enquanto nos escapa, o objeto dos nossos desejos nos parece superior a todo o resto; quando o obtemos, desejamos outra coisa, e a mesma sede de vida nos excita sempre." Somos prisioneiros da carência: prisioneiros do nada. Prisioneiros do desejo? Mais propriamente da *sede*, como diz Lucrécio, como diz Buda (*tanha*), ou da esperança, como diziam os estóicos (o desejo do que não temos). Não vivemos, esperamos viver, dirá Pascal após Sêneca... O nada nos apresa; é que nós o prezamos.

Mas, às vezes, raramente, há momentos de graça em que paramos de desejar o que quer que seja além do que é (não é mais esperança, e sim amor) ou além do que fazemos (não é mais esperança, e sim vontade), em que nada nos falta, em que não temos mais nada a esperar, nem a lamentar, em que a questão da posse não se coloca mais (não há mais ter, só há ser e agir), e é isso que chamo de *plenitude*. Para alcançá-la, não é necessário fazer meditação horas a fio (embora isso possa ajudar). Qual de nós nunca conheceu um momento de plenitude? Por exemplo, fazendo amor (quando não se está preocupado com o desempenho, nem com o outro, nem consigo mesmo, quando até o orgasmo e o amor pararam de fazer falta, quando não há mais que o puro prazer, como dizia Lucrécio, *pura voluptas*, que o puro desejo, mas sem carência, que a capacidade de gozar e fazer gozar...), ou praticando esporte (milagre do segundo fôlego: quando não há mais que a pura capacidade de correr), ou diante de uma obra de arte (que plenitude, às vezes, ouvindo Mozart!), ou diante de uma paisagem sublime (quem não gostaria de possuir os Alpes ou o Oceano?), ou ainda, mais simplesmente, mais tranqüilamente, quando de um passeio ou uma caminhada...

Você caminha no campo. Você se sente bem. Tudo havia começado como uma diversão ou um exercício: algumas horas a ocupar, alguns gramas a perder... Depois, torna-se outra coisa. Como que um prazer mais sutil, mais profundo, mais elevado. Como que uma aventura, só que interior. Como que uma experiência, só que espiritual. Esquecidos os quilos a mais. Esquecidos o tédio ou a angústia. Você não tem mais objetivo, ou você já o alcançou, digamos que você não pára, a cada passo, de alcançá-lo: você caminha. É como uma peregrinação na imanência, mas que não iria a lugar nenhum, ou antes, que iria exatamente até ali, onde você está. Você não deseja nada além do passo que você dá, no exato momento em que você o dá, nada além do campo tal como ele é, neste instante mesmo, com este passarinho que canta ou que pia, com este outro que levanta vôo, com esta força em suas pernas, com esta leveza no coração, com esta paz na alma... E como você está de fato dando este passo, como o campo é exatamente o que é, como este passarinho pia ou canta, como este outro levanta vôo, como você está exatamente como está (animado, alegre, sereno), não lhe falta nada: plenitude.

A experiência mística só vai um pouco mais longe na mesma direção – quando não é mais este ou aquele ente que lhe satisfaz, mas o próprio ser, que o sacia. Você está como que milagrosamente libertado da frustração: libertado da carência, libertado do nada! Não há mais que o ser: não há mais que a alegria. (A angústia, sentimento do nada; a alegria, sentimento do ser.) Não há mais que a plenitude do real. Como você poderia desejar outra coisa? Não há mais carência a satisfazer em você. Não há mais sede. Não há mais avidez. Não há mais cobiça. Porque você tem tudo? Não. Mas porque você está livre (é aqui que isso toca a espiritualidade) da própria posse. Não há mais que o ser sem pertencimento, e a alegria, em você, de fazer parte dele.

Todo ego é frustrado, sempre. Quando não há mais frustração, não há mais ego.

Simplicidade

É por isso que você também está como que libertado de si mesmo: porque não há mais dualidade entre o que você faz e a consciência que o observa, entre o corpo e a alma, entre o *eu* e o *ego*. É que não há mais que o *eu*. É que não há mais que a consciência. É que não há mais que a ação (o corpo em ato). Suspensão da dualidade interna, da representação (no duplo sentido da idéia e do espetáculo), de toda a comédia do ego: colocação do ego entre parênteses. É o que chamo de *simplicidade*. Você não finge mais ser o que é (é por isso que a simplicidade é o contrário da má-fé, no sentido sartriano do termo), nem ser outra coisa (é por isso que a simplicidade é uma recusa do existencialismo: experimente um pouco, no presente, não ser o que você é ou ser o que você não é!). Aliás, você não é nada, em todo caso não é um ser nem uma substância: você vive, você sente, você age. Não há mais que "um fluxo de percepções", diria Hume, nada mais que uma ação, mas sem ator, nada mais que uma vida, mas sem outro sujeito que não ela própria. Não há mais que uma experiência, diria Wittgenstein ("Toda experiência é do mundo e não necessita do sujeito"). É o que os budistas chamam de *anatman* (não há eu, não há Si Mesmo: há apenas um processo sem sujeito nem fim), mas que não é vivido como negação, nem como privação, apesar da letra da palavra (o *a*, em *anatman*, é privativo), e é por isso que prefiro falar de *simplicité* [simplicidade], em francês, em vez de não-eu ou de não-ego. Nada mais difícil, metafisicamente, de pensar (ver Espinosa, Hume, Nietzsche, Lévi-Strauss). Nada mais simples, espiritualmente, de viver – ainda que essa simplicidade seja uma exceção. São os momentos em que nos esquecemos, como se diz, e nunca a consciência é tão pura, tão nítida, tão solta. Os virtuoses, num concerto, às vezes chegam a esse ponto, pelo menos os maiores: são seus momentos de graça, quando não há mais nada além da música. Mas cada um de nós pode ter acesso a eles, na medida da nossa simplicidade, da nossa mestria, do nosso virtuosismo próprio, neste ou naquele domínio. Simplicidade da ação. Simplicidade da atenção. "Quando você está absorto numa atividade, qualquer que seja, você sente algum ego?", indaga Prajnanpad. "Não, não há mais separação." É que há apenas a atividade.

Quem se vê agir, não é a ação correta.

Quem se pretende atento, não é a atenção correta.

Você tem dificuldade para ser simples? Comece pelo mais fácil: sentar-se, andar, respirar... É o espírito do Soto Zen: "A técnica é o caminho; o caminho é a técnica." Mas onde ele leva não é mais uma técnica, nem um caminho. É a própria vida, em sua simplicidade. Paramos de nos olhar: vemos. Paramos de fingir: agimos. Paramos de esperar: estamos atentos. Há coisa mais simples que a simplicidade? Há coisa mais rara? É constituir uma unidade consigo mesmo, a tal ponto que não há mais si mesmo: há apenas o um, há apenas o ato, há apenas a consciência. Você passeava? Não há mais que o passeio. Você fazia amor? Não há mais que o desejo ou o amor. Você meditava? Não há mais que a meditação. Você agia? Não há mais que a ação (é o segredo das artes marciais, pelo qual elas tocam a espiritualidade). Você era? Não há mais que o ser.

Unidade

Não mais separação entre você e você, portanto. Porém, não mais separação tampouco entre você e o mundo, entre o interno e o externo, entre o *eu* e tudo. Logo, suspensão ou colocação entre parênteses da dualidade, também e de novo, do ego: não há mais que tudo, e a unidade de tudo. É o que eu chamava mais acima, com Freud e Romain Rolland, de "sentimento oceânico", aquilo que os orientais chamam de *advaita* (a não-dualidade, o não-dualismo) e que prefiro chamar, com Swami Prajnanpad, de experiência da *unidade*. Ela é indissociável da experiência da simplicidade, a tal ponto que é difícil, inclusive intelectualmente, distingui-las. Quando não há mais dualidade interna, não há mais dualidade com o exterior. Basta ser uno com a sua consciência ou com o seu corpo (as duas coisas andam juntas: é o que chamo de simplicidade) para ser uno com o mundo (é o que chamo de unidade). "Na verdade, só há um, sem segundo", dizia Prajnanpad, e é a própria verdade.

Filosoficamente, portanto *a posteriori*, isso evoca de certo modo o monismo ou o panteísmo. Pensemos na unidade da substância, em Espinosa. Ou na unidade material do mundo, nos materialistas. Mas é o contrário de um sistema, que sabe apenas excluir: é uma experiência, que se dá muito mais como uma imersão, como uma fusão, como uma integração bem-sucedida. Não se trata de ser espinosista ou não, materialista ou não. Trata-se de ser uno com tudo.

Todo ego é separado, sempre. Quando não há mais separação, não há mais ego.

"Eu sou o mundo", dizia Krishnamurti. E Prajnanpad, talvez mais adequadamente: "Swamiji vai lhes dizer um segredo. Swamiji não conhece nada, salvo uma coisa: ele é uno com tudo." Sabedoria da imanência, mística da unidade.

O silêncio

A mesma experiência espiritual também põe entre parênteses a linguagem, o discurso, a razão (o *lógos*, como se dizia na Grécia, o *manas* ou o *mental*, como se diz no

Oriente). De outro modo não haveria unidade. Estamos separados de tudo apenas pelo pensamento – apenas por nós mesmos. Largue o ego, pare de pensar: resta tudo.

Afasia? Sideração? De maneira nenhuma, em todo caso não no sentido patológico do termo. O pensamento continua sendo possível. A palavra continua sendo possível. Simplesmente deixaram de ser necessários. É como que uma suspensão do monólogo interno, do pensamento argumentativo ou conceitual, do sentido (portanto também do não-sentido ou do absurdo). Não há mais que o real. Não há mais que a sensação (que dele faz parte). É como se nós víssemos as coisas como elas são, sem máscaras, sem etiquetas, sem nomes. No mais das vezes, não é assim: estamos separados do real, quase sempre, pelas próprias palavras que nos servem para dizê-lo ou para nos proteger dele (interpretação, racionalização, justificação). E, então, de repente, no meio de uma meditação, de uma sensação ou de um ato: a própria verdade, mas sem frases. *Álogos*, dizia Epicuro. *Aphasía*, dizia Pirro (não a impossibilidade da palavra, mas sua suspensão, pelo menos provisória). É o que chamo de *silêncio*, que não é a ausência de ruídos mas de palavras – não de sons, mas de sentidos. Silêncio do mar. Silêncio do vento. Silêncio do sábio, mesmo quando ele fala.

Inútil precisar que essa suspensão da razão (da *nossa* razão) não tem nada de irracional, como tampouco o "terceiro gênero de conhecimento" que, em Espinosa, talvez lhe corresponda. O silêncio é tudo o que resta quando nos calamos – isto é, tudo. Ele deixa a verdade intocada. Simplesmente essa verdade "não necessita de nenhum sinal", como dizia Espinosa, e não quer dizer nada: ela não é para ser interpretada, mas para ser conhecida ou contemplada;

ela não é uma representação, mas "a essência objetiva das coisas" (Espinosa), o que um budista chamaria de sua simples e silenciosa *assindade*. Isso, de que se fala (o real), não é um discurso. Nem isso, que é dito (a verdade). Somos separados disso apenas por nossas ilusões e nossas mentiras. Basta calar-se, ou antes, fazer silêncio em si (calar-se é fácil, fazer silêncio é que são elas), para que não haja nada mais que a verdade, que todo discurso supõe, que contém todos eles e que nenhum contém. Verdade do silêncio: silêncio da verdade.

A eternidade

Há algo mais surpreendente. Há algo mais forte. O que acontece, nessa experiência de que falo, é também, e talvez principalmente, a suspensão do tempo, ou antes, do que habitualmente tomamos por ele. O tempo real, claro, nem por isso deixa de continuar. O presente não deixa de continuar. A duração não deixa de continuar. Não há mais que isso, aliás. Porque o que você constata então em você é como que uma colocação entre parênteses do passado e do futuro, da *temporalidade*, como dizem os fenomenologistas, do que os estóicos chamavam de *aión* (a soma indefinida e incorporal de um passado que não é mais e de um futuro que ainda não é, separados por um instante sem duração), o que eu traduziria por uma bela invenção de Jules Laforgue: a *eternulidade*. Essa eternidade que não é nada, ou quase nada, essa nulidade que não termina, essa perpetuidade que nos encerra, é o que normalmente vivemos: a fuga do tempo, como se diz, a submersão irreversível e inapreensível do futuro (que ainda não é) no passado (que não é mais). Entre os dois? O instante presente, que não tem duração (se houvesse uma duração assinalável, ele não seria mais o instante e não seria presente: uma parte estaria passada, a outra estaria por vir) e que não é nada. Um quase-nada, portanto, entre dois nadas: esse tempo, como bem viu Montaigne, geralmente não pára de nos separar do ser ou da eternidade. E, então, de repente... Não há mais passado! Não há mais futuro! Não há mais que o presente, que permanece presente: não há mais que a eternidade.

Conceitualmente, logo retrospectivamente, dá para compreender. O passado não é, já que não é mais. O futuro não é, já que ainda não é. Não há mais que o presente, portanto, que não pára de mudar, mas que continua e permanece presente. Quem já viveu um só *ontem*? Quem já viveu um só *amanhã*? É sempre hoje. É sempre agora. "Somente o presente existe", diziam a justo título os estóicos, tanto que "o tempo inteiro é presente". Mas não é mais o tempo-*aión* (o tempo abstrato, o tempo que se divide e se mede, que se perde e nos perde), é o tempo-*khrónos* (o tempo concreto: o presente do mundo, o próprio mundo como presente), o que Espinosa e Bergson chamarão de duração (a continuação indefinida e indivisível de uma existência). Tente medir o presente ou dividi-lo! Não conseguirá. Porque ele não é *uma* duração. Ele é a própria duração, enquanto ela dura. Não é um lapso de tempo: é o próprio tempo. Esse tempo não vem do futuro, que não é nada, nem submerge no passado, que não é. Pode-se dizer dele, não é uma coincidência, o que Parmênides dizia do ser: "Nem ele era, nem ele será, já que é agora." Ora, um presente que permanece presente é o que chamamos tradicionalmente de *eternidade* – não um tempo infinito, que é melhor chamar de sempiternidade, mas um "eterno presente", como dizia santo Agostinho, o que ele chamava de "perpétuo hoje" de Deus, a que eu oporia de bom grado o perpétuo hoje do mundo (o sempre-presente do real) e da verdade (o sempre-presente do verdadeiro), que são uma só coisa, no presente – e é isso a própria eternidade.

Sim, *a posteriori* tudo isso se pode compreender. Mas é que não o vivemos mais. Quando o vivemos, não é um conceito, nem uma reflexão, nem uma compreensão. É uma experiência. É uma evidência. É um deslumbramento. O presente está aí, e não há nada além dele. Ele nunca desaparece: ele continua. Ele não pára de mudar; é que ele não pára, portanto. Tudo é presente: o presente é tudo. Tudo é verdadeiro. Tudo é eterno, aqui e agora eterno! É o que percebeu Espinosa, de quem já citei a surpreendente fórmula: "Sentimos e experimentamos que somos eternos." É o que percebeu Wittgenstein: "Se entendermos por eternidade não a duração infinita, mas a intemporalidade, tem vida eterna quem vive no presente." Como se espantar com que a própria idéia da morte se lhe torne indiferente? Ele já está salvo, ou antes, não há mais ninguém a salvar: não há mais que a eternidade atual; não há mais que a eternidade em ato. Como, ao lado disso, o paraíso parece irrisório! Como a eternidade poderia estar por vir? Como poderíamos esperá-la ou alcançá-la, se já estamos nela?

Eternidade do presente: presença da eternidade.

Serenidade

Isso não deixa nada a esperar, nem a temer. Suspensão da esperança e do temor, colocação entre parênteses da espera, da antecipação, do *cuidado*, como diz Heidegger, da "futuridade", como ele também diz ou como lhe fazem dizer seus tradutores. O cuidado é constitutivo do *Dasein*: é o ser-adiante-de-si do ego, que nos condena, em Heidegger, ao ser-para-a-morte. Como não seríamos angustiados? É o preço a pagar pelo nada, pela futuridade, pelo ego.

Mas e se o nada não é? E se não há ego? E se não há mais que o presente? Resta então a serenidade, que é o ser-no-presente da consciência e de tudo.

Carpe diem? Seria mais do âmbito da sabedoria (e de uma sabedoria meio estreita!) do que da espiritualidade. *Carpe aeternitatem* seria mais correto – só que não há nada a colher, e tudo a contemplar.

Isso vem ao encontro do célebre tema do "*Viver no presente*", como diziam os estóicos, como dizem todos os sábios – só que não é mais uma palavra de ordem ou um ideal, mas a simples verdade de viver.

Tente viver no passado ou no futuro. Você vai ver, pela impossibilidade, que o presente é o único caminho. Suas lembranças? Seus projetos? Seus sonhos? Ou são presentes, ou não são. Assim, o presente não é uma opção (pois toda opção só existe nele); é para ser habitado.

Isso também tem relação com o que eu chamava mais acima de *alegre desespero* – só que não tem nada de desesperador e que a própria palavra "alegre" é um tanto superficial ou anedótica para descrever, então, o que se vive. Trata-se, antes, de passar para o outro lado do desespero – onde os dois lados são um só.

Em grego, como já observei, esse estado era dito *ataraxía* (ausência de perturbação); em latim, *pax* (paz da alma). Em francês, pode-se dizer *quiétude* ou *sérénité* [quietude ou serenidade]. Não é por acaso que há um pouco de quietismo em toda mística. Veja Fénelon ou Chuang-tsé ("sabedoria de tendência mística", notava Marcel Granet, o taoísmo é "uma espécie de quietismo naturalista"). Nada a ver com a preguiça ou a inação, menos ainda com a indolência! Simplesmente, a esperança e o temor andam juntos (já citei a fórmula decisiva de Espinosa: "Não há esperança sem temor, nem temor sem esperança"), logo também a ausência de ambos. Mas não é uma ausência: é uma presença, é uma atenção, é uma disponibilidade. Nada a esperar, nada a temer: tudo está aí. É o que a experiência que evoco realiza. Que paz! Que quietude, de fato! Um desespero? Pode parecer, mas somente de fora ou no caminho. De dentro, é muito mais uma *inesperança*: o grau zero da esperança e do temor. É muito mais uma felicidade (Krishnamurti: "Viver feliz é viver sem esperança"). Espinosa lhe dá seu verdadeiro nome: *beatitude*. Nós só esperamos o que não temos, ou o que não é, ou o que nos falta: salvo exceção, só esperamos o futuro – então só vivemos no presente. "A esperança é a principal inimiga do homem", dizia Prajnanpad; a serenidade, sua principal vitória. É libertar-se do medo, a tal ponto que, nesse estado de que falo, não se necessita mais nem sequer de coragem.

Dirão que isso condena a política. Nada disso (veja Espinosa). Mas impede que a política se tome por uma mística, e que a mística pretenda fazer as vezes de política. É bom que seja assim. O absoluto não é um governo. Nenhum governo é absoluto. À glória da laicidade.

A serenidade não é a inação; é a ação sem medo, logo também sem esperança. Por que não? Não é a esperança que faz agir, dizia eu no meu primeiro capítulo; é a vontade. Não é a esperança que faz querer; é o desejo ou o amor. Não se sai do real. Não se sai do presente. É o espírito das artes marciais. Quem espera a vitória já está vencido (pelo menos pelo medo da derrota). Só quem não espera nada não tem temor. É o que o torna difícil de ser vencido, e impossível de ser subjugado. Pode-se privá-lo da vitória, mas não do seu combate.

A ação faz parte do real que ela transforma, como a onda, do Oceano. Não se trata de renunciar a agir. Trata-se de agir serenamente.

A ação só será mais eficaz assim, e mais feliz.

É o que chamo de felicidade em ato, que não é outra coisa senão o ato mesmo como felicidade. Quem vive no presente e não carece de nada, o que poderia esperar? O que poderia temer? Basta-lhe o real (de que sua ação faz parte) e a saciedade.

Aceitação

Porque tudo está bem? Muito mais porque tudo é. É o mais difícil de pensar. O que se vive, nessa experiência que tento descrever, é também a suspensão dos juízos de valor, a colocação entre parênteses dos ideais ou das normas, por exemplo, do belo e do feio, do bem e do mal, do justo e do injusto. Wittgenstein, mais em seus *Cadernos* talvez do que no *Tractatus*, aproximou-se disso: "Tudo o que acontece, seja por obra de uma pedra ou do meu corpo, não é nem bom nem ruim." Isso não impede a alegria. Isso não impede a felicidade. Que digo? É a própria felicidade – enquanto ela está presente. Wittgenstein, sempre em seus *Cadernos*: "Sou feliz ou infeliz, é tudo. Pode-se dizer: não há nem bem nem mal." Não há mais que o real, que não tem outro. A que norma ou regra poder-se-ia submetê-lo?

Imoralismo? De maneira nenhuma. A moral faz parte do real: a mesma coisa que a impede de valer absolutamente nos impede de aboli-la. Mas amoralismo teórico (para o pensamento) ou contemplativo (para a espiritualidade), isso sim, claro! Espinosa pensou-o em seu rigor: "O bem e o mal não existem na Natureza", e nada existe fora dela. É por isso que a realidade e a perfeição são uma só e mesma coisa: não porque tudo estaria bem, como crêem os providencialistas, mas porque não há nem bem nem mal. Isso não nos impede de construir para nós mesmos uma ética (há bom e ruim para nós), nem tampouco de pensar uma moral (que é a absolutização, ao mesmo tempo ilusória e necessária, da ética). Mas isso impede de fazer delas uma metafísica ou uma ontologia, em outras palavras, de projetar na natureza o que só existe em nós, de tomar nossos juízos por um conhecimento, nossos ideais pelo real, logo, também e sobretudo, o real por uma falta ou uma perdição (quando não corresponde aos nossos ideais). O mal não é nada, explica Deleuze a propósito de Espinosa, mas não "porque somente o Bem é e faz ser", como querem os teólogos, "e sim, ao contrário, porque o bem não é mais que o mal e que o ser está além do bem e do mal".

Dirão que isso constitui um argumento a menos contra Deus ("o argumento do mal"). Não exatamente, já que o mal continua a existir para os sujeitos e que Deus, supõe-se, é um sujeito... Principalmente, isso suprime todo motivo de crer. O real basta: por que submetê-lo a outra coisa? Tudo é perfeito: não há mais necessidade de consolo, nem de esperança, nem de juízo final (não se trata mais de julgar, mas de compreender, e menos de compreender que de ver). O real é para pegar ou largar, ou antes, nessa experiência que evoco, ele é aquilo mesmo que não temos como não pegar: porque ele é sua própria pega, que nos despega de todo o resto.

É o que Nietzsche, na esteira dos estóicos e em parte contra eles, chamava de *amor fati* (o amor ao destino, o amor ao que é), não porque seria bom (o destino, para Nietzsche, é o contrário de uma providência), mas porque é o conjunto de tudo o que acontece (o mundo, o real) e porque não há nada além dele. É o um-sem-segundo à moda nietzschiana: o real sem duplo e sem remédio de Clément Rosset. Ele é para pegar ou largar, como eu dizia. O asceta é o que larga. O sábio, o que pega.

Sabedoria trágica, diz Nietzsche: "Afirmação dionisíaca do universo tal como é, sem possibilidade de subtração, de exceção ou de escolha." É participar da "inocência do devir", o "eterno sim do ser", que é a auto-afirmação de tudo.

Sabedoria da aceitação, diz Prajnanpad. "*No denial*": nem recusa nem negação. "Não o que deveria ser, mas o que é": nem esperança nem lamento. É o único caminho: "Não há saída fora da aceitação." Trata-se de dizer *sim* a tudo o que é, a tudo o que acontece. Mas é o *sim* da aceitação (tudo é verdadeiro, tudo é real), não da aprovação ("tudo está bem"). É o *sim* da sabedoria, não da religião. Ou antes, não é mais que uma palavra, e não há mais nem sabedoria nem religião: não há mais que eterna necessidade do devir, que é o ser verdadeiro.

Julgar é comparar; e, claro, na vida cotidiana, é preciso fazê-lo com freqüência. É o princípio da moral. É o princípio da política. Não se trata evidentemente de renunciar nem a uma nem a outra. É também o princípio da arte, a que tampouco há que renunciar. Existe moral sem recusa? Existe política sem confrontação? Existe arte sem avaliação, sem crítica, sem retoques, sem hierarquia? Mas o que se sente, nesse estado místico, é outra coisa: a sensação de que o real é exatamente o que é, sem nenhuma falta, que não se pode compará-lo a nada (já que ele é tudo), nem portanto julgá-lo (já que todo juízo faz parte dele), que ele é *perfeito*, nesse sentido, é a expressão de Espinosa ("Por realidade e perfeição entendo a mesma coisa"), ou *além do bem e do mal*, é a expressão de Nietzsche, ou *neutro*, como diz Prajnanpad, e é sem dúvida a expressão mais adequada. Para compreendê-la, é preciso dizer uma palavra sobre o contexto. Um discípulo pergunta ao mestre o que quer dizer o célebre "*Tudo é Braman*" dos Upanixades. Costuma-se traduzi-lo por "Tudo é Deus" ou "Tudo é o Absoluto". Aquele que seus discípulos chamavam de Swamiji responde simplesmente: "Quer dizer '*Tudo é neutro*'." É o que chamo de relativismo, ou antes, é seu reverso positivo: só o real é absoluto; todo juízo de valor é relativo.

É o contrário de uma teodicéia. Não se trata de dizer que tudo está muito bem no melhor dos mundos. Trata-se de compreender que tudo está como está no único mundo real, que é o mundo.

É o contrário do niilismo. Não se trata de abolir a moral (dizer *sim* a tudo é também dizer *sim* a nossos juízos de valor, a nossas recusas, a nossas revoltas, que fazem parte desse tudo), mas de constatar que a moral é humana tãosomente, que é *nossa* moral, não a do universo ou do absoluto. Mesma coisa para a política: o fato de o absoluto não ser do seu domínio (ele não é nem de direita nem de esquerda) não implica evidentemente que ele a abole. Pelo contrário! É porque o universo não propõe nenhuma política (pois contém todas) que temos de optar por uma. Isso não é do domínio de uma experiência mística e confirma, mais uma vez, que a mística não é tudo. Laicidade sempre. Não contemos com o absoluto para combater a injustiça em nosso lugar. Mas tampouco com a política para substituir a espiritualidade.

É o contrário de um estetismo. Criar às vezes a beleza, quase sempre apreciá-la, tudo bem. A arte existe, e não vamos nos queixar disso! Mas seria enganar-se fazer dela uma mística ou uma religião. O belo pode proporcionar um acesso ao absoluto, mas não é o absoluto. De um ponto de vista espiritual, o importante não é criar uma obra, menos ainda fazer da sua vida uma obra de arte. Chuangtsé, a esse respeito, é mais esclarecedor do que nossos românticos: "O homem perfeito não tem eu, o homem inspirado não tem obra, o homem santo não deixa nome." Isso não retira nada do gênio (salvo suas vaidades, quando ele as tem), mas coloca-o em seu devido lugar. O belo e o feio, o admirável e o medíocre são tão prisioneiros do relativo quanto o bem e o mal. Como o estetismo poderia levar ao absoluto? A arte consegue levar? Às vezes sim, mas somente na medida em que pára de se considerar como objeto ou como fim, quando tende ao silêncio ou o revela, quando manifesta – o que só é dado aos grandes – que o absoluto não é uma arte e importa mais do que todas as obras. O belo não passa de um caminho. O trabalho não passa de um caminho. Para ir aonde? Aonde levam todos os caminhos, que contém todos eles e que não é um. O belo, dizia Schelling, é "o infinito representado de forma finita". Eu diria também: o absoluto representado de forma relativa, a eternidade representada de forma temporal... O espírito de Mozart sopra aí, é o que o torna ao mesmo tempo insubstituível e perturbador: porque ele dá a entender, numa das mais belas músicas de todos os tempos (fica-se, musicalmente, no domínio do relativo), que há algo mais precioso que a música, mais precioso que a beleza e que toca ao mesmo tempo o silêncio, a eternidade e a paz (o que nos abre, e quase nos conduz, ao domínio do absoluto).

O bem e o mal, o belo e o feio, o justo e o injusto, etc., só existem relativamente – só existem para e pela humanidade. Existem portanto. Não se trata tampouco de aboli-los nem de absolutizá-los. Nem niilismo, portanto, nem estetismo, moralismo ou "politicismo" (se entendermos por essas três últimas palavras a vontade de erigir a arte, a moral ou a política em absoluto). Porque o absoluto está em outro lugar? Ao contrário: porque ele está aí, sempre já aí, antes de qualquer obra, antes de qualquer juízo, antes de qualquer compromisso, porque precede e acompanha todos eles, carrega-os e leva-os embora. Como a música ou a poesia poderiam abolir o silêncio, se ele as envolve, se elas o cantam e o supõem? Como a política ou a moral poderiam abolir o real que as contém e que elas transformam? Um outro mundo é possível? Certamente (a única coisa impossível seria o mundo não mudar), mas nem por isso deixará de ser o mundo, e não um sonho de militante ou de moralista. Somente o real é real, que contém todos os juízos. Como poderiam julgá-lo absolutamente?

Relativismo e misticismo andam juntos. Foi o que Espinosa compreendeu; é o que Prajnanpad confirma. Se toda moral é relativa, como o absoluto poderia ter uma? Se o absoluto é amoral, como a moral poderia não ser relativa? E mesma coisa, claro, para o belo ou o justo. O erro, em que se joga a sorte da nossa modernidade, seria confundir esse *relativismo*, que é a verdade da moral, da arte e da política, com o *niilismo*, que é sua negação. Sendo todo valor relativo (ao sujeito, à história, à sociedade...), podemos dizer, se você quiser, que o absoluto não tem nenhum valor. Mas só dizemos isso na medida em que não o habitamos. Porque esse absoluto, para quem o experimenta, é o contrário de um nada: ele é o próprio ser, que nos sacia e nos regozija (que nós amamos, diria Espinosa: "O amor é uma alegria que a idéia de uma causa externa acompanha"). Nossos valores só existem nele. Eles existem, portanto. Não se trata de negá-los, muito menos de subvertê-los (é onde Espinosa se opõe a Nietzsche, e é Espinosa, claro, que devemos acompanhar), mas de dizer *sim* a tudo (inclusive, portanto, a nossos juízos, mas na medida em que são relativos), e é o que chamo de *aceitação*.

Nada a ver com o otimismo, muito menos com a negação ou a resignação. Etty Hillesum, alguns dias antes de partir para Auschwitz, de onde não voltaria, encontrou as palavras adequadas:

> Às vezes me dizem: "É, você sempre enxerga o lado bom de tudo." Que tolice! Tudo é perfeitamente bom. E ao mesmo tempo perfeitamente ruim. [...] Eu nunca tive a impressão de ter de me forçar a ver o lado bom das coisas: tudo é sempre perfeitamente bom, tal e qual. Toda situação, por mais deplorável que seja, é um absoluto e reúne em si o bom e o ruim. Quero dizer simplesmente que "ver o lado bom das coisas" me parece uma expressão repugnante, assim como "tirar o melhor proveito de tudo".

Isso não a impediu de sofrer, nem de morrer. Mas seu sofrimento e sua morte não poderiam tampouco anular isso, que ela viveu, que ela chama de "aceitação", "aquiescência" ou "compreensão", e que se assemelha ao amor.

Independência

Aceitação e libertação andam juntas, assim como a liberdade e a necessidade. É o espírito do estoicismo. É o espírito do espinosismo. É o espírito da psicanálise, quando ela tem espírito. É o espírito de Prajnanpad (que contribuiu para introduzir o freudismo na Índia). O real comanda, pois não há nada além dele. O pensamento? É o próprio real (a verdade), ou não passa de uma ilusão (que faz parte do real: ela é verdadeiramente ilusória). Ela é tudo ou não passa de um sonho do ego (que faz parte do todo: ele é verdadeiramente egocentrado). O erro? É verdadeiramente falso. A mentira? É verdadeiramente mentirosa. Assim, tudo é verdadeiro. Mas essa verdade nos contém; nós não a contemos (nós só contemos, no melhor dos casos, conhecimentos). Isso põe as idéias à distância. De resto, que idéias, quando não há mais palavras? O silêncio leva à aceitação, que leva à libertação. Suspensão dos condicionamentos, dos bons costumes, dos bons modos, da própria polidez. Colocação entre parênteses dos dogmas, das regras, dos mandamentos, das Igrejas, dos partidos, das opiniões, das doutrinas, das ideologias, dos gurus... Não há mais que o real. Não há mais que a verdade. Como nós nos sentimos livres, de repente! "A verdade vos libertará", lemos no Evangelho de João. É o que se vive então, só que não é mais no futuro mas no presente, não é mais um livro mas o mundo. A verdade não obedece a ninguém. É por isso que ela é livre, e libertadora. E como não há nada além da verdade, ela não comanda (quem ela poderia comandar? e o quê?). Eis-nos sem Deus nem Amo. É o que chamo de *independência*, que Swamiji dizia ser o verdadeiro nome da espiritualidade.

Nada a ver com um livre-arbítrio qualquer. Se tudo é real, tudo é necessário. Como poderíamos, no presente, ser outra coisa senão o que somos, querer outra coisa senão o que queremos, agir de uma maneira diferente da que agimos? Essa liberdade, mostram Espinosa e Freud, nada mais é que a ignorância das causas que pesam sobre nós, a qual nos impede de enfrentá-las.

Mas não tem nada a ver tampouco com não sei que fatalismo. Somente o presente existe. Como poderíamos ser prisioneiros do passado, se ele não é mais? Como o futuro já estaria escrito, se ele não é? Nada está escrito, exceto em nós. É o que Prajnanpad, com Freud, chama de inconsciente, que é a presença em nós do passado: "Não há outra escravidão na vida que não a do passado [entenda-se: na medida em que está presente no inconsciente]. Quem está livre do passado está libertado. Por quê? Porque somente o passado é causa do futuro." Assim, a liberdade e a eternidade andam juntas.

Nem livre-arbítrio nem fatalismo: nada é contingente, nada está escrito. Não há mais que a história, tanto individual quanto coletiva. Não há mais que o real em ato, de que minha ação faz parte. Não se trata de ser diferente do que somos; trata-se de sê-lo de verdade, e a verdade não tem ego. É por isso que, de novo, ela é livre: porque ela é universal (ela abre, e somente ela, a pequena prisão do eu).

"O que é a perfeição?", pergunta Prajnanpad. Ele responde simplesmente: "Ausência de dependência." É libertar-se da sua infância, do seu inconsciente, dos seus pais ("Ser livre", dizia ainda Swamiji, "é ser livre do pai e da mãe, mais nada"), do seu meio: é libertar-se de si. O que resta? Tudo. Não se trata de curar o ego, mas de curar-se dele – não de salvar o eu, mas de se emancipar dele.

Todo ego é dependente, sempre. Quando não se tem mais dependência, não se tem mais ego.

Filosofar é aprender a se desprender: não nascemos livres; tornamo-nos livres, e nunca acabamos de nos tornar. Mas, nessa experiência que eu contava, a liberdade parece de repente realizada, como que eternamente disponível. Talvez porque ninguém é prisioneiro, senão de si, dos seus hábitos, das suas frustrações, dos seus papéis, das suas recusas, do seu psiquismo, da sua ideologia, do seu passado, dos seus medos, das suas esperanças, dos seus juízos... Quando tudo isso desaparece, não há mais prisão, nem prisioneiro: não há mais que a verdade, que é sem sujeito e sem amo.

A morte e a eternidade

Eis o que me aconteceu de viver, sentir, experimentar, que o ateísmo em nada impede, muito pelo contrário, e que procuro contar da maneira mais fiel e compreender mais ou menos. Sim, aconteceu-me, às vezes, excepcionalmente, de estar simplesmente vivo, de habitar diretamente o real, de vê-lo face a face, ou antes, de dentro (não "em si", o que não tem sentido, mas sem outra mediação além do meu corpo, que dele faz parte e não poderia ser um intermediário), tal como é ou tal como parece ser (a diferença, então, não tinha objeto: a aparência faz parte do real), de ser uno com ele, sem dualidade, sem problema, sem solução, sem interpretação, de estar livre ao mesmo tempo das perguntas e das respostas, de não sentir falta de nada, de não estar mais separado de mim mesmo nem de tudo, de estar silencioso no silêncio, passando na passagem (presente no presente, mudando no devir, eterno na eternidade!), de não ter medo de nada, de não esperar nada, de dizer sim a tudo (ou antes, de não ter mais a dizê-lo: eu era esse sim), de não depender de mais nada, salvo do universo, e de estar livre, tão necessária e perfeitamente livre que a questão do livre-arbítrio não se punha mais.

É meu caminho, pelo menos foram algumas das etapas ou dos cumes dele, mas que se parecem demais com o que outros viveram e descreveram para que dependa somente da minha diminuta pessoa. É por isso que ouso falar do sucedido, apesar da intimidade do tema, e azar dos que, haverá alguns sem dúvida, rirem do que conto. Digamos, para resumir, que eu também *senti e experimentei* (raramente, mas com força bastante para que seja inesquecível) momentos de mistério, de evidência, de plenitude, de simplicidade, de unidade, de silêncio, de eternidade, de serenidade, de aceitação, de independência... Pelo menos é assim que os distingo e que os designo retrospectivamente, pois não há como ser de outro modo. Mas então não eram palavras, insisto: era uma experiência, e ela era indivisível (a plenitude, a simplicidade, o silêncio, a eternidade, etc.: *tudo isso era uma coisa só*), era uma sensação, ou várias (mas inseparáveis), era uma consciência, mas sem palavras e sem sujeito, era o próprio real que eu vivia e de que eu fazia parte; era minha vida enfim restituída a ela mesma e a tudo.

Nunca vivi nada melhor, já disse, nem mais simples, nem mais forte, nem mais perturbador. Era como uma alegria que nunca houvesse começado (é o que Espinosa chama de *beatitude*, a qual, por ser eterna, só "ficticiamente" se pode dizer que teve início), como uma paz que não tivesse fim. Nem por isso deixarei de morrer, mas então isso não tinha a menor importância ("Para a vida no presente não há morte", escreve Wittgenstein), e essa lembrança me ajuda, hoje, a aceitar esse fato. A morte só me tomará o futuro e o passado, que não são. O presente e a eternidade (o presente, *logo* a eternidade) estão fora do seu alcance. Ela só tomará a mim mesmo. É por isso que ela me tomará tudo e não me tomará nada. Toda verdade é eterna, mostra Espinosa. A morte só tirará de mim minhas ilusões.

Mística e ateísmo

Esse tipo de experiência não prova nada, é claro (toda prova é relativa: o absoluto, por definição, não tem prova), e não diz nada tampouco sobre a existência de Deus, nem sobre a sua inexistência. A questão, nesses momentos que eu vivi, não se colocava mais. Outros, eu sei, viveram outra coisa: um encontro, um êxtase, um amor... Eles que falem do que viveram, se quiserem, se puderem. O fato é que não é, sem dúvida, por acaso que os místicos tantas vezes tiveram problemas com a sua Igreja, quando tinham Igreja. Al Hallaj foi queimado vivo, Mestre Eckhart e Fénelon foram condenados pelo papa... Há mais do que mal-entendidos aí. É o que um jesuíta francês, o padre de Lubac, nos ajuda a compreender em seu prefácio para um grosso volume coletivo sobre *A mística e os místicos*. O místico, ele explica, é o contrário de um profeta: "O profeta recebe e transmite a palavra de Deus, à qual adere pela fé; o místico é sensível a uma luz interior que o dispensa de crer. É preciso escolher entre ambos." É que "a mística corrói o mito", como diz também o padre de Lubac. "No fim das contas, o místico prescinde dele; ele o rejeita como uma casca vazia, permanecendo indulgente, embora, para com os que dele ainda necessitam." Que Igreja poderia aceitar isso? Que religião revelada? Cito Emil Brunner: "Ou o Evangelho, ou a contemplação – ou a mística, ou a Palavra." Eu acrescentaria: ou o silêncio, ou o Verbo. Ou a experiência, ou a fé. Ou a meditação, ou a prece.

Longe de ser paradoxal, a idéia de um "misticismo ateu" ou de um "ateísmo místico", como diz o padre De Lubac, torna-se então uma espécie de evidência, que se impõe ao pensamento e que, aliás, a observação histórica confirma (no Oriente, é verdade, com maior freqüência do que no Ocidente). "Em seu derradeiro estado de realização", continua o jesuíta, "o misticismo natural, tornando-se naturalista, seria um 'misticismo puro'; no limite, não reconhecendo mais nenhum objeto próprio [eu diria, em vez disso: nenhum objeto transcendente], seria a intuição mística de certo modo hipostasiada: o que nos parece ser a forma mais profunda do ateísmo." Por que não? Leibniz, numa carta de 1695, já observava que encontramos nos místicos "passagens extremamente ousadas [...], que pendiam quase para o ateísmo". Kojève, mais radical, chegará a ponto de afirmar, em seu *Ensaio de uma história comentada da filosofia pagã*, que "toda Mística autêntica é, de fato, mais ou menos atéia". A fórmula, embora extremada, diz uma coisa importante, que nos leva de volta ao início deste capítulo: que religião e espiritualidade são duas coisas diferentes. Mesmo a experiência mística, em que ambas podem culminar, impede de confundi-las.

É conhecido o dito de Nietzsche: "Sou místico, e não creio em nada." É menos contraditório do que parece. O místico é reconhecido por certo tipo de experiência, feita de evidência, de plenitude, de simplicidade, de eternidade... Isso não deixa espaço às crenças.

Ele vê. Que necessidade ele tem de dogmas?

Tudo está aí. Que necessidade ele tem de esperança?

Ele habita a eternidade. Que necessidade ele tem de esperá-la?

Ele já está salvo. Que necessidade ele tem de uma religião?

O místico, crente ou não, é aquele a quem Deus mesmo parou de faltar. Mas um Deus que não faz falta ainda é um Deus?

O absoluto e o relativo

Cada um que julgue por si próprio. O que posso testemunhar, de minha parte, é que ser ateu não impede de servir-se do seu espírito, nem de desfrutar dele, nem de rejubilar-se com ele, nem mesmo naquele ponto extremo em que culmina, silenciosamente, abolindo-se.

Quando Deus pára de fazer falta, o que resta? A plenitude do que é, que não é um Deus, nem um sujeito.

Quando o passado e o futuro deixam de nos separar do presente, o que resta? A eternidade: o perpétuo *agora* do real e do verdadeiro.

Quando o *ego* ou o mental param de nos separar do real, o que resta? A unidade silenciosa de tudo.

Deus, dizia eu ao começar, é o absoluto em ato e em pessoa. Não tenho nada a recriminar, é claro, nos que crêem nele. Mas o que senti, naqueles momentos, é uma coisa bem diferente, que me tirou, então, até a própria saudade de Deus. Ele seria o todo Outro (a transcendência); eu habitava o próprio Todo (a imanência). Ele seria um Sujeito; não havia mais nenhum *sujeito*. Ele seria o Verbo; não havia mais que o silêncio. Ele seria um Juiz e um Salvador; não havia mais ninguém a julgar, nem a salvar.

Somos separados do absoluto ou da eternidade apenas por nós mesmos, eis o que creio, o que senti ou experimentei, às vezes (quando o ego não está mais presente, resta a consciência, resta o corpo: isso basta largamente para uma experiência, ou antes, é a verdadeira experiência), o que eu me esforcei para compreender, como filósofo, e que me rejubila, mesmo *a posteriori*, e que me apazigua, ao menos em parte.

Não é um consolo: o ego permanece inconsolável, enquanto está presente, e não há mais ninguém, quando ele não está mais, para ser consolado. Mas é uma doçura, mas é uma paz, como que a lembrança de uma felicidade eterna – enquanto dura –, como que o anúncio de uma salvação já realizada, apesar da angústia e do cansaço, apesar do sofrimento ou do horror. O Inferno e o Reino são um só, e é o mundo. Mas só há Inferno para o ego, e Reino para o espírito.

Formidável fórmula de Nagarjuna, a mais decisiva, a meu ver, de toda a história da espiritualidade: "*Enquanto você vir uma diferença entre o samsara e o nirvana, você está no samsara.*" Enquanto você vir uma diferença entre a sua vida, tal como ela é – decepcionante, cansativa, angustiante – e a salvação, você está na vida como ela é. Enquanto você vir uma diferença entre a eternidade e o tempo, você está no tempo. Enquanto você vir uma diferença entre o absoluto e o relativo, você está no relativo.

E quando você não vê mais essa diferença, ou antes, quando ela pára de ver você? Então Deus pára de lhe faltar, assim como o ego, de estorvar você. Nada falta: tudo está aí, tudo é verdadeiro, tudo é eterno, tudo é absoluto (Prajnanpad: "Ver o relativo como relativo é estar no absoluto"), e mais nada – nem você mesmo – separa você de tudo.

Não há mais que tudo, e pouco importam os nomes que lhe dão ou que lhe emprestam: não há mais que o ilimitado (Anaximandro), o devir (Heráclito), o ser (Parmênides), o Tao (Lao-tsé), a natureza (Lucrécio, Espinosa), o mundo ("o conjunto de tudo o que acontece": Wittgenstein), o real "sem sujeito nem fim" (Althusser), o "um-sem-segundo" (Prajnanpad), o presente ou o silêncio (Krishnamurti) – o absoluto em ato e sem ninguém.

Uma espiritualidade para todos os dias

Essa experiência, para a maioria de nós, é excepcional. Várias pessoas, ao que parece, nunca a viveram; outras, eu entre elas, viveram-na apenas algumas vezes... Muito pouco para fazer uma espiritualidade? Sem dúvida. Mas o suficiente para dar uma idéia do que ela é e do gosto que ela tem, para iluminá-la, para guiá-la, para lhe servir de objetivo, na medida em que um for necessário, ou de critério. É como que um ponto de fuga, num quadro em perspectiva: o ponto não figurado e não significante pelo qual o conjunto se organiza e adquire sentido. O absoluto (ou a eternidade, ou o silêncio...) é esse ponto, na medida em que não o atingimos; o relativo, o quadro. Mas não passa de uma metáfora: ambos, no real, são uma só coisa. É essa unidade que a experiência mística, às vezes, parece alcançar; e que a espiritualidade, nos outros dias, se contenta com visar. Não é nada, ou antes, já é muito. É raro e maravilhoso viver juntos o mistério e a evidência, a plenitude e a simplicidade, a unidade e a eternidade, o silêncio e a serenidade, a aceitação e a independência... É o auge do viver, que só atingimos excepcionalmente. Não se trata de se instalar nele como que numa poltrona, de geri-lo como um recurso ou um capital. Mas quem, ainda que uma só vez, o atinge percebe no mesmo instante que nunca o deixou, que nunca o deixará: que o absoluto e o relativo, a salvação e a busca, o fim e o caminho são unos – que o auge de viver nada mais é que a própria vida, em sua verdade ou (dá na mesma) em sua eternidade. Espinosa é insuperável aqui, pelo menos no Ocidente. "A beatitude não é o preço da virtude", escrevia ele, "mas a própria virtude." Essa virtude não é um dever mas uma libertação, não é um ideal mas uma plenitude, não é uma ascese mas uma felicidade. É a vida em ato e em verdade.

Os orientais muitas vezes exprimiram isso mais simplesmente, por exemplo neste haicai bem conhecido:

> *Corto a lenha*
> *Pego a água*
> *É maravilhoso.*

Só excepcionalmente habitamos a eternidade, ou antes, só excepcionalmente temos consciência de habitá-la. Mas qual de nós nunca tem seus momentos de atenção, de plenitude ao menos parcial, de paz, de simplicidade, de frescor, de leveza, de verdade, de serenidade, de presença, de aceitação, de liberdade? É o caminho em que estamos (o caminho da espiritualidade: o espírito mesmo como caminho), pelo qual temos de avançar.

Os que foram até o fim, nem que uma só vez, sabem que não leva a lugar nenhum, a não ser exatamente aonde já estamos: que o absoluto não é o fim do caminho (ou só o é enquanto não o atingimos), mas o próprio caminho.

Isso não os impede, na vida cotidiana, de continuarem avançando como podem, no mesmo caminho que todos os outros. A espiritualidade é esse caminho, mas *sub specie temporis*, como diria Espinosa (do ponto de vista do tempo). O que a experiência mística habita, no lapso de um instante, é o próprio caminho, mas *sub specie aeternitatis* (do ponto de vista da eternidade). Espiritualidade da vida cotidiana; mística da eternidade.

"Não podemos mandar no vento, mas devemos deixar a janela aberta", lembra Krishnamurti. O absoluto é o vento; o espírito, a janela.

*Interioridade e transcendência,
imanência e abertura*

Podemos distinguir, à custa de simplificar um bocado, duas maneiras principais de pensar a espiritualidade religiosa: como interioridade, é o espírito das capelas românicas; ou como verticalidade, é o espírito das catedrais góticas. Os dois, é claro, não são incompatíveis: sua dualidade estrutura a religião, de dentro, e lhe dá uma parte da sua força. "Deus mais íntimo em mim que eu mesmo", dizia santo Agostinho, e mais alto porém que o céu...

Isso me fala cada vez menos. Eu desconfio hoje em dia dessa altura que esmaga tudo, mas também dessa interioridade, dessa intimidade e desse "eu mesmo". Creio mais nas espiritualidades que nos abrem para o mundo, para os outros, para tudo. Não se trata de salvar o eu, insisto, mas de libertar-se dele. Não se trata de encerrar-se na própria alma, mas de habitar o universo. É o espírito de Buda (não há Si: nem atman nem Braman). É o espírito de Espinosa (não há outra liberdade em mim senão a verdade, que é tudo). É o espírito, pura e simplesmente. Abram as janelas! Abram o ego (até que ele se torne como que "um círculo que ficou tão largo que não pode circular mais nada", dizia Prajnanpad, "um círculo de raio infinito: uma linha reta!"). O espírito é essa abertura (sim: "aberto no Aberto", como diria Rilke), e não o retiro confortável ou estreito na vida "interior".

Como poderia eu conter o absoluto? É ele que me contém: só tenho acesso a ele saindo de mim mesmo.

No fundo, é o que os fenomenologistas chamam de intencionalidade. "Toda consciência é consciência de alguma coisa", dizia Husserl, tanto que, comentava Sartre, "a consciência não tem 'dentro'; ela nada mais é que o lado de fora de si mesma." É o contrário do que Sartre chama de "filosofia digestiva", a da interioridade, a dos espiritualistas, que encontram em toda parte somente "um nevoeiro mole e tão distinto: eles mesmos". E acrescenta, cito em desordem: "Eis-nos livres da 'vida interior', das janelas fechadas, das intimidades úmidas da vida gástrica, bem como dos agrados da nossa intimidade, pois finalmente tudo está fora, tudo, até nós mesmos: fora, no mundo, entre os outros."

Alain, sem falar de intencionalidade, sem ter lido Husserl, pelo menos na época, ia, muito antes de Sartre, no mesmo sentido. Por exemplo, nesta admirável obra de juventude, que por muito tempo permaneceu inédita, que são os seus *Cadernos de Lorient*: "O pensamento não deve ter outro em-casa a não ser todo o universo; é somente aí que ele é livre e verdadeiro. Fora de si! Do lado de fora! A salvação está na verdade e no ser." Basta para dizer que ela não está em mim. A espiritualidade é o contrário da introspecção. Ninguém vai passar a vida contemplando seu umbigo, seu inconsciente ou sua alma! Não há vida interior, explica Alain, ou ela é ruim. Não há mundo interior, a não ser para a tristeza e o tédio:

> Que triste mundo, esse mundo. Que triste coisa um eu obrigado a hospedar o ser: formidável tropa. Como vocês podem querer que eu hospede tudo isso? E ainda vem mais. A casa se enche; o exército das dores é inesgotável. Amontoamento, mau cheiro, náusea. Abramos a janela. Novas desgraças: também entram por ela. A janela, está vendo, tem de devorar a casa: é somente no universo que o universo cabe. Chega, já estou cheio do meu sonho; quero caminhar no sonho de Deus!

Mas não há Deus: não há mais que um sonho sem sonhador, ou que contém todos eles, e é o mundo, ao qual só temos acesso se despertarmos.

Despertar: libertação. É a mesma coisa. É ter acesso ao universal ou ao verdadeiro (ao verdadeiro, logo ao universal) libertando-se de si. "Para os despertos", dizia Heráclito, "só há um mundo, que lhes é comum; os adormecidos têm, cada um, seu mundo próprio, em que não param de se mexer", como numa cama ou num sonho de que seriam prisioneiros. O eu é esse sonho. A verdade, esse despertar.

A vida espiritual é a vida do espírito, dizia eu ao iniciar este capítulo. Convém acrescentar: mas somente na medida em que conseguimos nos libertar – pelo menos um pouco, pelo menos às vezes – do "euzinho querido", como dizia Kant, dos seus pequenos temores, dos seus pequenos rancores, dos seus pequenos interesses, das suas pequenas angústias, das suas pequenas preocupações, das suas pequenas frustrações, das suas pequenas esperanças, das suas pequenas complacências, das suas pequenas vaidades... "Morrer para si mesmo"? É uma expressão que encontramos em vários místicos, notadamente cristãos, mas que costuma dar demasiada importância (por exemplo em Simone Weil) à pulsão de morte. Eu diria antes que se trata de viver mais – de viver enfim, em vez de esperar viver – e, para tanto, sair de si, o mais possível. Não morrer para si mesmo, portanto, mas abrir-se para a vida, para o real, para tudo. Há coisa mais chata do que o eu? Há coisa mais limitada? Há coisa mais vã? O real é tão mais interessante, tão mais vasto, tão mais variado! O mundo inteiro está aí, dando-se a conhecer, a transformar, a amar. A humanidade faz parte dele, dando-se a servir, a respeitar, a continuar. O sábio não pede mais que isso: ele se contenta, modestamente, com tudo.

Não há sábios. Mas todos nós temos nossos momentos de sabedoria, assim como nossos momentos de loucura, de egoísmo, de pequenez. Somente a verdade leva àqueles, assim como liberta destes, e tanto mais quanto mais simples ela for. Ela não tem ego. Como poderia ser egoísta? Como o ego poderia ser verdadeiro? Conhecer o eu é dissolvê-lo. As lições das ciências humanas e do estruturalismo (Claude Lévi-Strauss mostrou-o bem) coincidem aqui com as lições, imemoriais, das escolas de sabedoria. A verdade do sujeito não é um sujeito. Como um sujeito poderia ser a verdade? O sábio não tem ego. Como o ego poderia ser sábio?

O eu não é nada mais que o conjunto das ilusões que ele tem sobre si mesmo. Ainda bem que podemos sair delas (pelo conhecimento, pela ação), e é isso que se chama espírito. "O sábio conhece a si mesmo", escreve Lao-tsé. Por isso sabe que não é sábio. Toda verdade é universal. Como ela poderia pertencer só a mim? O universo me contém. Como poderia eu, mesmo em pensamento, contê-lo?

A verdade é grande demais para mim – ou antes, eu é que sou pequeno demais para ela. Essa pequenez é o que chamo de ego. Essa grandeza é o que chamo de espírito. O ego, portanto, é que é escravo e que encerra; e o espírito é que é livre ou que liberta.

Miséria do homem, grandeza do homem, dizia Pascal... Miséria do eu, diria eu, grandeza do espírito. Para explicá-lo, não é preciso crer em Deus ou no pecado original! Basta a natureza, da qual a cultura faz parte. Basta a verdade (que contém o eu, que o eu não contém). *Tudo* basta – já que não há nada além dele.

Espiritualidade da imanência, em vez de da transcendência, e da abertura, em vez de da interioridade.

Adoro as capelas românicas. Admiro as igrejas góticas. Mas a humanidade, que as construiu, e o mundo, que as contém, me ensinam mais que elas.

CONCLUSÃO

O amor, a verdade

Em se tratando de Deus, esta talvez tenha sido a primeira idéia pessoal que eu tive – um pouco ingênua, como convém para uma primeira idéia, mas que me acompanhará por muito tempo. Eu tinha quinze ou dezesseis anos. Dia de chuva. Dia de fossa. Devia ser domingo. Estou sozinho no meu quarto, no andar de cima, de pé à janela, testa grudada no vidro. Espio a chuva cair no jardim, nos tetos vizinhos, no subúrbio... Vanidade de tudo. Lassidão de tudo. Mas eu ainda não tinha lido o Eclesiastes. Digo simplesmente a mim mesmo o seguinte, que me impressionou o bastante para escrevê-lo quase no ato, no caderno que me servia de diário íntimo ou espiritual: "Das duas uma. Ou Deus existe, e então nada tem importância. Ou Deus não existe, e então nada tem importância."

Aquilo não deixava escapatória. É a lógica do absoluto, enquanto o opomos ao relativo: tudo o que não é Deus é nada ou ser diminuto. O mundo é como uma caverna, dizia Platão, em que perseguimos sombras. E Pascal, magnificamente: "Porque a vida é um sonho, um pouco menos inconstante." Lógica da transcendência. Lógica da religião, com a sua nobreza, com a sua grandeza, mas que às vezes pode levar ao fanatismo. O que pesa a vida de um homem na balança do absoluto?

Não era esse o meu temperamento, nem o clima da época. Eu era mais atraído pela outra vertente, ou antes, por essa mesma, só que para baixo. Lógica da imanência, lógica do desespero, lógica do niilismo, tal como Nietzsche bem a analisou: à força de concentrar todo valor e toda realidade em Deus, quando a fé se retira não encontramos mais que um mundo vazio e vão, sem valor, sem sabor, sem importância... "O que significa o niilismo? Que os valores superiores se depreciam", responde Nietzsche; "faltam os fins; não há mais resposta a esta questão: 'Para quê?'" É a jusante de viver: o coração e o espírito na maré baixa. Levarei anos para sair disso, para encontrar – ou antes, para aprender – o gosto do real, do prazer, da ação, para transformar (pelo menos intelectualmente) o desespero em felicidade e a imanência em sabedoria.

Não filosofei em vão. Repensando naquela triste fórmula da minha adolescência, eu hoje diria antes o contrário: "Ou Deus existe, e então tudo é importante; ou Deus não existe, e então tudo é importante..." Seria ir longe demais, contudo, ou antes, mascarar o essencial: que não há importância em si, mas apenas pela atenção que lhe damos ou pelo amor que a visa. É o princípio do que eu chamava mais acima de relativismo. "Não é porque uma coisa é boa que a desejamos", explica em substância Espinosa, "ao contrário, é porque a desejamos que a julgamos boa." É esse também, a meu ver, o espírito da caridade: não é o valor do seu objeto que justifica o amor, é o amor que dá valor ao que ele ama.

Por isso só há valor relativo – só à proporção do amor que lhe temos. É onde o relativismo, o ateísmo e a fidelidade podem se encontrar: o amor é o valor supremo, já que só há valor graças a ele (fidelidade), sem que, no entanto, eu veja nele o absoluto (pois ele só vale para quem o ama: relativismo), nem portanto um Deus (ateísmo).

Isso me distancia dos niilistas pelo menos tanto quanto dos crentes. O absoluto, segundo creio, não é Deus, nem nos ama. O que não é um motivo para parar de habitá-lo, ainda que fosse relativamente, nem para renunciar a amá-lo.

Citemos uma derradeira vez Pascal. "A verdade fora da caridade não é Deus", dizia ele. Concordo. É o que nos separa e que nos aproxima. Crer em Deus é crer numa verdade infinitamente amante e, por isso, infinitamente amável. Ser ateu é, ao contrário, pensar que a verdade não nos ama, nem se ama a si mesma. É o que chamei de desespero. Mas onde você viu que só devíamos amar em troca (contanto que fôssemos amados)? Não, em todo caso, nos Evangelhos... É a verdade do Calvário. O amor, mesmo crucificado, vale mais que um ódio triunfante.

É isso que nos une: espaço de comunhão e de fidelidade. A metafísica ou a religião nos separam, e isso tem de ser aceito. "Deus meu, Deus meu, por que me desamparaste?" Porque ele não existe, responde o ateu: porque a verdade não é Deus, já que ela não nos ama, porque o amor não é onipotente, já que só existe amor encarnado e mortal... É o que podemos chamar de o trágico ou a finitude, que fazem parte da condição humana, especialmente para os ateus, mas que constituem apenas um momento dela. O essencial está em outro lugar: no amor (logo na alegria) e na verdade (logo no universal) de que somos capazes. É a única sabedoria. É o único caminho. O que é a espiritualidade? É nossa relação com o infinito ou com a imensidade, nossa experiência temporal da eternidade, nosso acesso relativo ao absoluto. Que haja alegria nesse encontro, todos os testemunhos concordam, e dão razão – do outro lado do desespero – ao amor. "Amar é se regozijar", dizia Aristóteles. E Espinosa: "O amor é uma alegria que a idéia de uma causa externa acompanha." O fato de a verdade ser sem amor não condena o amor a ser sem verdade (já que é verdade que nós amamos), nem nos impede de amar a verdade. A alegria de conhecer (efêmera como toda alegria, eterna como toda verdade) é o único acesso, mas aqui e agora, à salvação, à sabedoria, à beatitude. É o amor verdadeiro do verdadeiro.

Tudo se condensa aqui, mas sem se confundir.

Fidelidade ao verdadeiro: racionalismo (recusa da sofística).

Fidelidade ao amor: humanismo (recusa do niilismo).

Fidelidade à separação entre ambos: ateísmo.

Não é a verdade que é amor (se a verdade se amasse, ela seria Deus); o amor, às vezes, é que é verdadeiro (ele só é absoluto se amamos de verdade). É o Pentecostes dos ateus, ou o verdadeiro espírito do ateísmo: não o Espírito que desce, mas o espírito que se abre (para o mundo, para os outros, para a eternidade disponível) e que se regozija. Não é o absoluto que é amor; o amor é que, às vezes, nos abre para o absoluto.

Pelo que a ética nos conduz à espiritualidade, mas sem ser suficiente, assim como a espiritualidade nos conduz à ética, mas sem tomar o lugar desta.

É onde, talvez, os sábios e os santos se encontram, nesse ponto em que culminam.

O amor, não a esperança, é que faz viver; a verdade, não a fé, é que liberta.

Já estamos no Reino: a eternidade é agora.

Agradecimentos

Este livro deve muito aos amigos que o suscitaram e o acompanharam: Nancy Huston, sem a qual ele não existiria, Antoine Audouard, Marcel Conche, Susanna Lea, Patrick Renou, Sylvie Thybert, Tzvetan Todorov, Isabelle Vervey e Marc Wetzel. Agradeço vivamente a eles. Ele deve muito também aos numerosos debates públicos de que participei sobre essas questões, dois dos quais foram objeto de publicação: *A-t-on encore besoin d'une religion?*, com Bernard Feillet, Alain Houziaux e Alain Rémond (Éditions de l'Atelier, 2003), e *Dieu existe-t-il encore?*, com Philippe Capelle (Cerf, 2005). Agradeço a todos eles pelas trocas estimulantes que nutriram em parte este livro.